多摩ハイク

京王線・小田急線・JRで気軽に行ける
多摩丘陵・町田・高尾・青梅の山と街歩き

HIKING
IN
TAMA AREA
GUIDE
BOOK

電車に乗って
丘陵ハイキングと
街歩きを楽しもう！

山と渓谷社

CONTENTS

多摩ハイク インデックスマップ

東飯能駅
飯能駅
299
入間川

15 霞丘陵
P114

宮ノ平駅
青梅駅
411
日向和田駅
多摩川
青梅線
圏央道
八高線
16

14 長淵丘陵
P110

福生駅

武蔵五日市駅
五日市線
昭島駅
拝島駅

東京都
秋川

411

13 昭島から滝山丘陵へ
P106

八王子駅
北野駅

12
八王子城跡
P102

中央自動車道
中央線
京王高尾線

01 長沼公園・
平山城址公園
P14

高尾駅
20

高尾山口駅
高尾山 ▲

11 高尾駅から草戸山
P96

横浜線
16

07 小山内裏公園から絹の道
P54

多摩境駅

津久井湖
橋本駅

相模線

413
神奈川県
相模川

412
129

圏央道

N
0　　　　　　5km
1:200,000

埼玉県

東武東上線

西武新宿線

463

西武池袋線

463

狭山湖

多摩湖

西武狭山線

所沢駅

秋津駅

新秋津駅

武蔵野線

関越自動車道

北朝霞駅

朝霞台駅

荒川

東京外環自動車道

埼京線

17

和光市駅

成増駅

練馬駅

西武多摩湖線

小平駅

西武拝島線

西武国分寺線

西武新宿線

多摩モノレール

立川駅

国分寺駅

西国分寺駅

中央線

武蔵境駅

三鷹駅

吉祥寺駅

京王井の頭線

荻窪駅

中野駅

明大前駅

東京都

高幡不動駅

分倍河原駅

府中本町駅

府中駅

中央自動車道

20

調布駅

京王線

下高井戸駅

多摩動物公園駅

聖蹟桜ヶ丘駅

南武線

多摩川

京王稲田堤駅

稲田堤駅

小田急線

成城学園前駅

京王多摩センター駅
小田急多摩センター駅

唐木田駅

若葉台駅

相模原線

京王堀之内駅

登戸駅

向ヶ丘遊園駅

二子玉川駅

黒川駅

生田駅

新百合ヶ丘駅

小田急多摩線

武蔵溝ノ口駅

溝の口駅

鶴川駅

小田急線

鷺沼駅

246

武蔵小杉駅

第三京浜

南武線

東急田園都市線

横浜線

町田駅

青葉台駅

東名高速道路

長津田駅

相模大野駅

神奈川県

東急東横線

254

463

本書の使い方

本書で紹介するコースはすべて日帰りです。初心者でも歩けるコースを中心に紹介していますが、なかには健脚向きのコースもあります。また、駅から歩き始めるコースが多く、駅周辺や登山口周辺の立ち寄りスポットも紹介しています。ぜひ、ハイキング前後のお楽しみにお立ち寄りください。

コースガイドの見方

コースを選ぶうえで参考になる指標を紹介します。歩行タイムや距離、累積標高差などは取材時にGPSで計測した実測データを基準に記載しています。データはあくまで目安です。ご自身の体力や経験に合わせてコースを選びましょう。

1 山歩きの参考になる指標

歩行タイム
スタートからゴールまでの歩行タイムの目安です。休憩や食事の時間は含んでいません。

歩行距離
スタートからゴールまでの歩行距離の合計です。距離が短くても、アップダウンが大きければ難度も上がります。

累積標高差
スタートからゴールまでの標高差を合計した数値です。山頂の標高が低くても、アップダウンが多いコースでは数値が高くなり、体力の要るコースになります。

難易度
歩行タイム、歩行距離、累積標高差を基にコースの難易度を3段階に分けました。

初級 ★☆☆
歩行時間は3時間程度。初心者やファミリーにおすすめのコース。

中級 ★★☆
歩行時間は4時間程度。コース途中に急な登りや下り、岩場など注意を要する場所があるコース。

上級 ★★★
本書のなかでも歩行距離が長く、アップダウンも多い健脚向きのコース。

2 コースポイント

コース中の主要な通過点をピックアップし、ポイント間の歩行時間の目安を紹介しています。

3 ヤマタイムでルートチェック!

QRコードをスマートフォンで読み取ると「ヤマタイム」の地図が表示されます。青い線が本書の紹介コースです。会員登録(無料)すると「登山計画書」の作成や、「GPXデータ」をダウンロードして、各種地図アプリにコースのログデータを取り込むこともできます。
●本書とヤマタイムでは地図の内容が一部異なる場合があります。

画像のレイアウトは変更する場合があります

立ち寄りスポット

コースガイドと合わせて、登山前後に楽しみたいおすすめのお店などの情報を紹介しています。

立ち寄りスポット
Course 01&02&03

道標を
確認しながら
歩きましょう!

コースマップの見方

コースガイドには紹介のコースの概略図を掲載しています。登山口などわかりにくい箇所もあるので、地図に記載のポイントを確認しましょう。

1 アクセス

スタート・ゴール地点の駅やバス停を紹介しています。ここから登山口までは徒歩でアクセスします。

2 コース中の風景

コース上で見られる風景の写真。写真の番号はコース線上の番号に対応しています。

3 チェック!

コースを歩く際に知っておきたい情報や立ち寄りスポットを紹介しています。

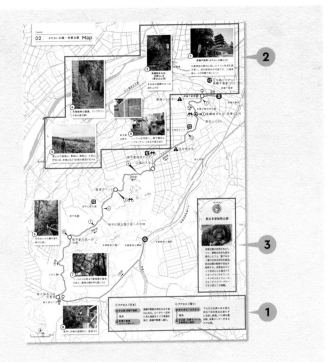

マップの記号・アイコン例

コースルート ▬▬▬	線路 ▬╫▬	登山道 ┈┈┈
舗装路 ▬▬		河川・池 ▬▬

▲ 山頂	00分 ポイント間の歩行時間	公衆トイレ コース中にトイレがない山もある
Ⓢ スタート地点	① 写真の番号 各写真を撮影した位置を番号で示す	バス停
Ⓖ ゴール地点	展望スポット 展望台や見晴らしのよい撮影スポット	立ち寄りスポット 掲載されている店舗の位置
登山口(下山口)	❋ 花マーク コース中に見られる花	卍 寺
○ コースポイント	⚠ 注意マーク 急登や岩場など歩行に注意する場所	⛩ 神社

● 本書に記載の地図情報、交通機関情報、店舗情報、各種料金などのデータは2024年2月時点のものです。発行後に変更になる可能性があります。事前に最新情報を確認しましょう。また、各種料金は消費税込みの料金です。

気軽にアクセスできて
里山＆街歩きを
いっぺんに楽しめる
多摩エリアのハイキング

HIKING IN TAMA AREA GUIDE BOOK

多摩丘陵自然公園内に整備された、かたらいの路を歩く（P20）

「多摩エリア」と聞くと、延々と続く住宅地やニュータウンのイメージが強く、ハイキングと結びつかない人も多いはず。でも、あなどるなかれ。多摩丘陵や町田周辺には、武蔵野原野の面影を残す雑木林の森や歴史の道が点在していて、手軽にハイキングが楽しめる場所でもあるのです。高尾山や奥多摩、丹沢まで足を延ばさなくても、電車で簡単にアクセスできて、ハイク＆街歩きが楽しめるのも、このエリアならではの魅力。いままで知らなかった"多摩"の奥深さを、本書を読んで、歩いて、感じてください。

↑丹沢山塊が一望できるよこやまの道（P44）

↑歩き応え充分な草戸山コース（P96）

→新緑の季節。力強い自然の息吹を体感できる七国山（P76）

↓生田緑地・枡形山手前の展望所から都心方面を一望（P38）

↓町田リス園では放し飼いされているタイワンリスと触れあえる（P76

←多摩川の清流を眺めつつ、いざ長淵丘陵へ（P110）

3月下旬〜4月上旬、サクラのトンネルが楽しめる尾根緑道（P70）

アップダウンが少なく、ファミリーでのんびり歩ける霞丘陵（P114）

京王線

多摩市 日野市 八王子市

14 | 山深い雑木林ハイクと展望を楽しむ
長沼公園・平山城址公園

多摩川中流の南側に位置する多摩、日野、八王子。
この3市に、約20k㎡にわたり広がるのが
多摩丘陵自然公園だ。
周辺に暮らす人と生き物に
多くの恵みをもたらす広葉樹の雑木林を楽しむ
おすすめの3コースを紹介しよう。

高低差のある深い森を歩く平山城址公園（P14）

01 長沼公園・平山城址公園

花や新緑、紅葉を愛でながら雑木林を散策し、
にぎわう市街と、自然豊かな奥多摩の山を眺望する。
多摩丘陵だからこその楽しみに満ちた縦走ハイク。

変化に富んだ
山の景色が
楽しい！

←高低差が100mある長沼公園。東端を走る栃本尾根を下る

長沼公園の殿ヶ谷の道に架かる木の橋を渡る

↓栃本尾根の展望台。多摩川支流の浅川や京王線を望む

↓平山城址公園の先には八王子保全地区が広がる

ヤマタイムで
ルートチェック！

| 歩行タイム …… 約2時間30分 | 難易度 ……… 中級 ★★☆ |
| 歩行距離 ………… 約7.5km | 累積標高差 ……… 約310m |

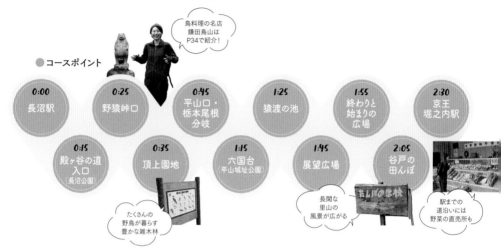

鳥料理の名店
鎌田鳥山は
P34で紹介！

● コースポイント

0:00 長沼駅
0:25 野猿峠口
0:45 平山口・栃本尾根分岐
1:25 猿渡の池
1:55 終わりと始まりの広場
2:30 京王堀之内駅

0:15 殿ヶ谷の道入口（長沼公園）
0:35 頂上園地
1:15 六国台（平山城址公園）
1:45 展望広場
2:05 谷戸の田んぼ

たくさんの
野鳥が暮らす
豊かな雑木林

長閑な
里山の
風景が広がる

駅までの
道沿いには
野菜の直売所も

八王子八十八景の長沼公園と、平安時代の武将・平山季重の城があったと伝わる日野にある平山城址公園。豊かな雑木林に囲まれたこの2つ公園をつなぐルートは、市街地にありながらも深い森の趣にあふれる。だが都立公園ということで道や階段、ベンチなどが整備され、歩きやすい。

出発は長沼駅。長沼公園の西端にある殿ヶ谷の道入口から山道へ。木の橋を渡り、開けた斜面を上ると、八王子市街を見渡す絹ヶ丘に到着。かつては平山城址公園まで1本でつながっていた野猿の尾根道に入り、鎌田鳥山を過ぎて進むと頂上園地。さらに展望園地では奥多摩や秩父の山々を望む。その後は平山口分岐へと進み、栃本尾根を下る。

長沼公園手前の六社宮にまずはお詣りを

（左）カタクリが咲く長沼公園（右）平山城址公園のヤマツツジ

その後はしばらく住宅街を進み、平山城址公園の西園へ。やや急な山道階段を上ると六国台に出る。ここからはくぬぎの道、猿渡の池、公園を東西に分ける東京薬科大のゲートを過ぎ、ヤマツツジの小径を歩く。アップダウンしながら展望広場に到着したら、ここでも奥多摩方面を堪能する。

いよいよ山道は終盤へ。東園の南端にある終わりと始まりの広場へ進むと、やがて里山保全地域の看板が現われ、田畑が広がる谷戸に出る。ここからは公道を歩いて京王堀之内駅に到着し、ゴールとなる。

道標も多く、安心して歩ける

長沼公園・殿ヶ谷の道
入口すぐの沢。多様な
植生が見られる

長沼公園・栃本尾根。
木々のトンネルが楽しい

湧水を集めた平山城址公
園の猿渡の池

尾根沿いに大小の木々が
生え、山深い森の雰囲気
を楽しめる長沼公園

① 長沼駅改札を出て右折し、用水路沿いの住宅街の道を進む

⑧ 住宅街の長い階段を上がる

北野駅

京王電鉄京王線

長沼駅 **S**

コンビニ

長沼小

コンビニ

15分

①

六社宮

②

殿ヶ谷の道入口

殿ヶ谷の道

③

木の橋を渡る

10分

長沼公園

中谷戸

展望台

長沼公園出口

⑦

30分

階段 **⑧**

大きなマンション

栃本尾根

② 殿ヶ谷の道入口

民家の脇から山道に入る。標識が目印

絹ヶ丘入口

④

⑤

展望園地

10分

⑥

平山口・栃本尾根分岐

③ 井戸たわ尾根と殿ヶ谷の道の分岐

分岐は右手を直進する

野猿峠口

10分

立ち寄りスポット
鎌田鳥山（P34）

峠の小さな美術館

頂上園地

野猿街道

野猿の尾根道

⑦ 長沼公園を出て、住宅街へ

白山神社

④ 絹ヶ丘入口

八王子の街を見下ろす。春にはサクラ、秋は紅葉を楽しめる

⑤ 頂上園地

野猿の尾根道にある、トイレやベンチがある休憩ポイント

⑥ 平山口・栃本尾根分岐

野猿の尾根道の東端にある、右手階段を下りず、栃本尾根方向へ

1:15,000
0   200m

⑨ 六国台

住宅街を歩き、民家脇にある山道の急階段を上ると六国台に到着

宗印禅寺

⑩ 東京薬科大ゲート

公園を東西に分ける東京薬科大学のゲート前を通過し、西園に入る

⑪ ヤマツツジの小径

4月〜5月にはヤマツツジが咲く、気持ちのいいつづら折りの道

平山城址公園駅

くぬぎの道

平山季重神社

10分

薬科大ゲート

京王グラウンド

平山城址公園入口

⑨ 六国台

⑩

⑪ ヤマツツジの小径

20分

猿渡の池

平山城址公園西園

東京薬科大

中央広場

⑫ 展望広場

10分 平山城址公園東園

終わりと始まりの広場

10分

谷戸の田んぼ

公道

⑫ 展望広場

奥多摩、秩父、武蔵野台地などを眺望する

25分

ユギムラ牧場

堀之内寺沢里山公園

野菜直売所

堀之内こぶし緑地

スーパー

トンネル

大栗川

京王堀之内駅

コンビニ

京王電鉄
相模原線

● アクセス（行き）

京王線 長沼駅
　↓
徒歩
　↓
殿ヶ谷の道入口
（長沼公園）

長沼駅の改札の正面にある公道を右折。向かいに見える山が長沼公園。直進し、長沼駅交差点を渡り道なりに進むと六社宮がある。その先の民家横に殿ヶ谷の道入口の標識がある。

● アクセス（帰り）

谷戸の田んぼ
　↓
徒歩
　↓
京王線 京王堀之内駅

田んぼを抜けると公道に出るので右折し、スーパーのある交差点まで直進する。交差点を渡りスーパーを左手に歩き、トンネル内を進みしばらく歩くと、堀之内駅入口交差点に到着。交差点を左折すると駅に到着だ。

02 | かたらいの路・多摩丘陵

多摩丘陵自然公園に整備された「かたらいの路」。
高幡不動尊を出発し、多摩動物公園を垣間見ながら
アップダウンのある尾根歩きと眺望を楽しもう。

語らいながら
のんびり
歩こう！

← コース中盤の展望ポイント手前の長い階段

高幡城本丸址・見晴らし台（愛宕山山頂）から
日野市街を望む

↓高幡不動尊周辺は6月にはアジサイで彩られる

↓多摩動物公園の外周フェンスに沿って続く尾根道

ヤマタイムで
ルートチェック！

歩行タイム ……………… 約2時間　　難易度 ………… 初級 ★☆☆
歩行距離 ……………… 約5km　　累積標高差 ……… 約200m

● コースポイント

所々に咲く
山の花が
キレイ！

標高126mの
愛宕山山頂

高幡城本丸址

0:00
高幡不動駅

0:10
高幡城址・
見晴らし台
（愛宕山山頂）

1:00
展望ポイント

1:45
程久保
五丁目
交差点

多摩動物公園に
立ち寄るのも
おすすめ

0:03
高幡不動尊
（かたらいの路
入口）

0:40
南平
東地区
センター

1:30
南平駅
方面への
分岐

2:00
多摩動物
公園駅

ここから
動物園裏の
山道に入る

東京都が多摩エリアの都立公園に整備する9つの散策路「かたらいの路」。多摩丘陵自然公園にもそのひとつがあり、「かたらいの路・多摩丘陵」として親しまれている。コース内には日本三大不動の高幡不動尊や多摩動物公園などの人気スポットがあり、道はほどよいアップダウン。展望ポイントからの眺めもよく、充実したハイキングを楽しめる。

スタートは京王線の高幡不動駅。まずは参道を歩き、高幡不動尊へ。重要文化財の仁王門をくぐり、五重塔の前を通ると、緩やかな登りの山道に。初夏にはアジサイ、秋にはヒガンバナを愛でながら直進すると、眼下に日野の街並みが眺められる。やがて高幡城本丸址の道標が現われるので石段を

サクラなど四季の花も
楽しめる高幡不動尊

上がり、見晴らし台（愛宕山山頂）へ。しばらく山道を進むと、住宅街に出るので、塀や電柱に表示された矢印に従って歩くと、分岐点の南平東地区センターに到着する。

ここからは多摩動物公園の外周フェンスに沿って尾根道を歩く。アップダウンのある道を進むと、長い下り階段が現われ、コース一番の展望スポットに到着。富士山や奥多摩、奥武蔵、赤城山まで180度の眺望を楽しめる。その後は南平丘陵公園方面への道標に従って公道を歩き、民家前から再び山道に入り、木橋を渡って道なりに。動物園の園舎を垣間見ながら、道なりに七生公園方面へと進み、程久保五丁目交差点に下ると山道は終了。ここからは公道を多摩動物公園駅まで歩き、ゴールとなる。

多摩動物公園の
オランウータン舎スカイウォーク

動物園裏のベンチでひと休み

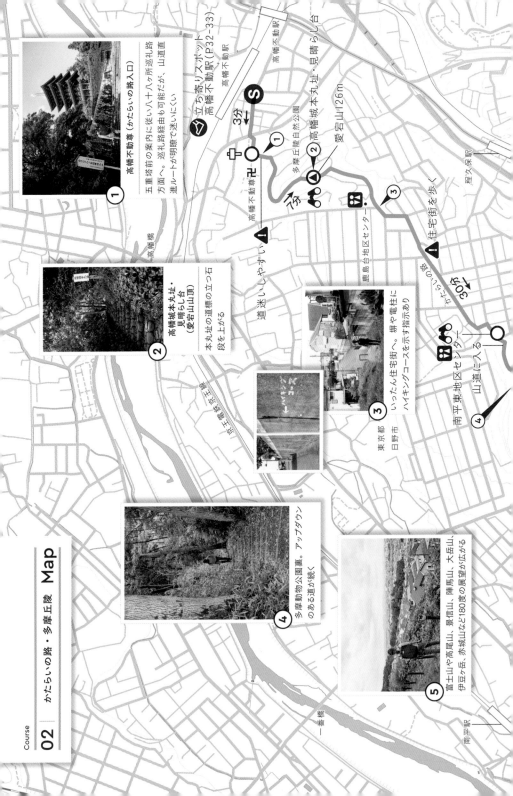

① 高幡不動尊（かたらいの路入口）

五重塔前の案内に従いいくつかの所巡礼路方面へ。巡礼路経由でも可能だが、山道直進ルートが明瞭で迷いにくい

② 高幡城本丸址・見晴らし台（愛宕山山頂）

本丸址の道標の立つ右段を上がる

③ 住宅街を歩く

いったん住宅街へ。塀や電柱にハイキングコースを示す指示あり

④ 山道に入る

多摩動物公園裏。アップダウンのある道が続く

⑤

富士山や高尾山、景信山、陣馬山、大岳山、伊豆ヶ岳、赤城山など180度の展望が広がる

立ち寄りスポット（P32-33）
高幡不動駅

道迷いしやすい！

高幡不動駅

高幡不動尊卍

多摩丘陵自然公園

愛宕山126m

鹿島台地区センター

南平東地区センター

東京都
日野市

高幡橋

京王電鉄京王線

一番橋

南平駅

程久保駅

3分

30分

都立多摩動物公園

多摩丘陵の自然を生かしつつ、動物の自由な姿を展示しようと、壕で仕切る形式ではなく壕で仕切る形式を採用。約300種の動物や昆虫を飼育する。世界初のサファリ形式による展示「ライオンバス」やオランウータンのスカイウォーク、ウォークインバードケージなど見どころ満載。

●アクセス（帰り）

程久保五丁目交差点
↓徒歩
京王線・多摩モノレール
多摩動物公園駅

下山口の正面にある程久保五丁目交差点は渡らずに左折し直進。バス停までは豊田駅、多摩センター行きなので注意。

●アクセス（行き）

京王線 高幡不動駅
↓徒歩
高幡不動尊（かたしいの腰入口）

高幡不動駅の改札を出て南口に出る。ロータリー右手にある鳥居をくぐり参道を抜け、高幡不動尊へ進む。

⑥ 住宅沿いから橋を渡り、再び山道へ

⑦ コースからは時より動物園の園舎が見え、動物の鳴き声も聞こえる

⑧ 要所に分岐の道標あり。直進する

京王電鉄動物園線

多摩動物公園駅

多摩動物公園

多摩モノレール

南平丘陵公園方面への分岐

南平丘陵公園

南平高校

南平駅方面への分岐

七生公園・

程久保五丁目交差点

程久保五丁目

30分　15分　10分

N
1:11,000
0　　200m

03 | 聖蹟桜ヶ丘周回

高低差60mの雑木林を歩く桜ヶ丘公園と
鎌倉時代の城跡を生かした原峰公園、
ジブリ作品の聖地など、坂のまち巡りを楽しむ。

坂のまちの
アップダウンを
楽しもう！

いろは坂通り
Irohazakadōri St.

← 多摩川の支流、大栗川沿いの遊歩道

↓植物が鬱蒼と茂り、神秘的な雰囲気の原峰公園

丘陵と谷がつくる高低
差を楽しむ桜ヶ丘公園

↓近隣住民の憩いの場、大谷戸公園

↓ジブリ作品「耳をすませば」に登場するいろは坂

ヤマタイムで
ルートチェック!

歩行タイム …… 約2時間15分　　難易度 ……… 初級 ★☆☆
歩行距離 ……………… 約7km　　累積標高差 ……… 約200m

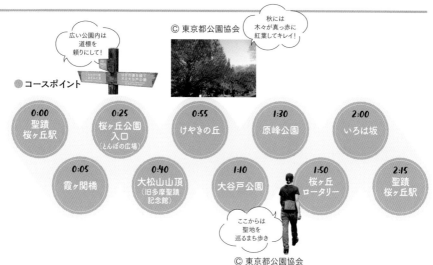

広い公園内は
道標を
頼りにして!

© 東京都公園協会

秋には
木々が真っ赤に
紅葉してキレイ!

● コースポイント

| 0:00 聖蹟桜ヶ丘駅 | 0:25 桜ヶ丘公園入口(とんぼの広場) | 0:55 けやきの丘 | 1:30 原峰公園 | 2:00 いろは坂 |

| 0:05 霞ヶ関橋 | 0:40 大松山山頂(旧多摩聖蹟記念館) | 1:10 大谷戸公園 | 1:50 桜ヶ丘ロータリー | 2:15 聖蹟桜ヶ丘駅 |

ここからは
聖地を
巡るまち歩き

© 東京都公園協会

　新宿方面から京王線に乗り、多摩川を渡り最初に到着する聖蹟桜ヶ丘。駅周辺は百貨店などでにぎわい、ベッドタウンとして宅地開発も進むが、所々に里山の風景が残る。本コースでは、坂のまちとして知られる聖蹟桜ヶ丘にある2つの公園とジブリ作品にも描かれるスポットを巡ろう。

　聖蹟桜ヶ丘駅を出発し、春にはサクラ並木が美しいさくら通りを霞ヶ関橋まで進む。遊歩道を歩き、橋を渡り、住宅街の緩やかな上り坂をしばらく進むと、畑が現われ、左手に谷戸田（田んぼ）が広がる。道なりに歩くと、桜ヶ丘公園とんぼの広場入口に到着だ。

　ここからは桜ヶ丘公園の雑木林を楽しむ山道に。道標に従って急登のちょうの道を登り、多摩100山の大松山山頂へ。その後は美しく広い森を一気に下り、高低差60mを体感。舗装路は杉の辻を経てけやきの丘へ。来た道を戻り直進し、キャンプ練習場（P66）のある大谷

大松山山頂の旧多摩聖蹟記念館は桜の名所

戸公園を過ぎると公道へ。坂のまちを体感しながら熊野神社、さらに城跡を整備したという原峰公園に進む。鬱蒼とした森をアップダウンしながら抜け、住宅街に出たら桜ヶ丘ロータリーをめざそう。

　いよいよジブリ作品の聖地巡礼に。いろは坂通りの中ほどにある武蔵野台地を見下ろす階段から聖蹟桜ヶ丘のまちの展望を楽しんだら、告白シーンの金比羅宮、さらにいろは坂の階段が現れる。前方ににぎやかな駅周辺が見えてくるので向かって歩き、ゴールとなる。

金比羅宮の周辺は城山とも呼ばれる

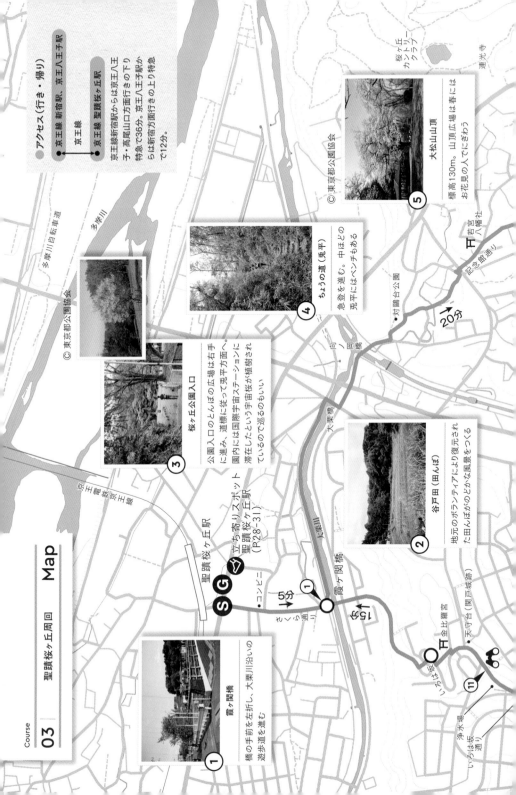

Course
03 | 聖蹟桜ヶ丘周回

Map

●アクセス（行き・帰り）
京王線 新宿駅、京王八王子駅
━━━
京王線
━━━
京王線 聖蹟桜ヶ丘駅

京王線新宿駅からは京王八王子・高尾山口方面行きの下り特急で36分。京王八王子駅からは新宿方面行きの上り特急で12分。

① 霞ヶ関橋
橋の手前を左折し、大栗川沿いの遊歩道を進む

聖蹟桜ヶ丘駅

立ち寄りスポット
聖蹟桜ヶ丘（P28-31）
コンビニ

5分

① 霞ヶ関橋
さくら通り

15分

② 谷戸田（田んぼ）
地元のボランティアにより復元された田んぼなどののどかな風景をつくる

多摩川自転車道

多摩川

③ 桜ヶ丘公園入口
公園入口のとんぼの広場は右手に進み、道標に従って兎平方面へ。園内には国際宇宙ステーションに滞在したという宇宙桜が植樹されているので巡るのもいい

© 東京都公園協会

④ ちょうの道（兎平）
急登を進む。中ほどの兎平にはベンチもある

© 東京都公園協会

大栗橋

向ノ岡橋

対鷗台公園

大栗川

20分

⑤ 大松山山頂
標高130m。山頂広場は春にはお花見の人でにぎわう

© 東京都公園協会

桜ヶ丘カントリークラブ

蓮光寺

田 吉宮社
八幡社

記念館通り

田 金比羅宮

天守台（関戸城跡）

いろは坂

⑪

浄水場

いろは坂通り

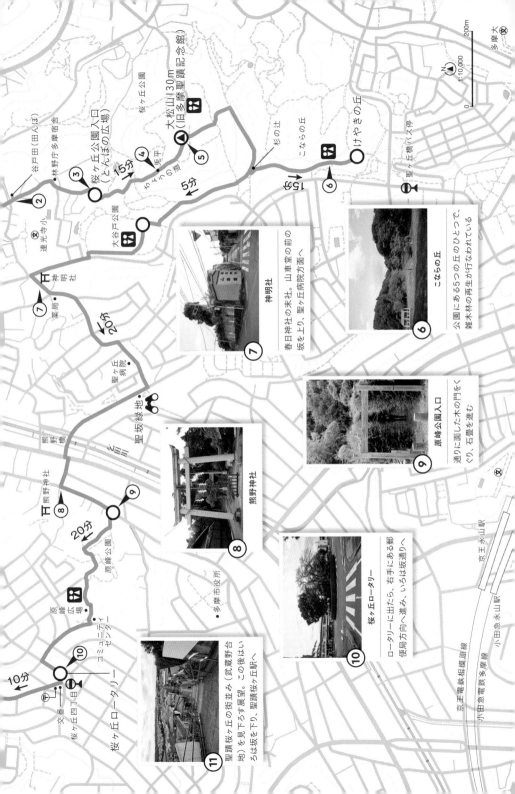

大 多摩

200m
0
N
1:10,000

2 谷戸田（田んぼ）
林野庁多摩宿舎

3 桜ヶ丘公園入口（とんぼの広場）

4 兎平
わらびの道
15分

5 大松山130m（旧多摩聖蹟記念館）▲

杉の辻
こならの丘

6 けやきの丘
聖ヶ丘橋バス停

5分

10分

桜ヶ丘公園

連光寺小

大谷戸公園

神明社

7 薬局
神明社
20分

聖ヶ丘病院

聖坂緑地

熊野橋
名倉川

多摩市役所

8 熊野神社
20分

9
原峰公園

原峰広場
コミュニティセンター

10分

交番
桜ヶ丘四丁目
桜ヶ丘ロータリー

京王電鉄相模原線
京王電鉄多摩線
小田急電鉄多摩線
京王永山駅
小田急永山駅

6 こならの丘
公園にあるらつの丘のひとつで、雑木林の再生が行なわれている

7 神明社
春日神社の末社。山車堂の前の坂を上り、聖ヶ丘病院方面へ

9 原峰公園入口
通りに面した木の門をくぐり、石畳を進む

8 熊野神社

10 桜ヶ丘ロータリー
ロータリーに出たら、右手にある郵便局方向へ進み、いろは坂通りへ

11
聖蹟桜ヶ丘の街並み（武蔵野台地）を見下ろす展望。この後はいろは坂を下り、聖蹟桜ヶ丘駅へ

Recommended shop & restaurant around the 4 Keio-Line stations

聖蹟桜ヶ丘・高幡不動・長沼・京王堀之内駅周辺のおすすめショップ&レストラン

ハイキングコースの起点・終点となる京王線の4駅から
アクセスできる個性豊かなお店をピックアップ！

立ち寄りを楽しめばハイクがもっとおもしろくなるよ！

聖蹟桜ヶ丘駅

ウェアをはじめ、定番の山アイテムが一式揃う

低山向け以外に大型ザックも

ミッドカットほか幅広い品揃え

駅直結の山の店

好日山荘 京王聖蹟桜ヶ丘店

地元の山好きや多摩エリアの山を訪れるハイカーに支持され、高尾山ハイクの前後に気軽に立ち寄る人も多いという頼れる店。アイテムのラインナップを見ても、低山系や初心者向けに力を入れており、20ℓ前後のザックやミッドカットシューズが充実する。

多摩市関戸1-10-1 京王百貨店聖蹟桜ヶ丘店5F　☎042-337-2239

人気のスノーピークも各アイテムそろう！

人気キャンプギアブランドDODのアイテムが勢揃い！

京王アートマン 聖蹟桜ヶ丘店

ソロバーナーなどハイクでも使えるギアも充実！

キャンパー必訪！ 駅直結の京王アートマン4Fにあるアウトドア用品売り場。各種ブランドのギアが並ぶが、注目はネット販売が主なブランド「DOD」の充実したラインナップ。実物に触れられる貴重な店にぜひ足を運ぼう！

多摩市関戸1-11-1 京王聖蹟桜ヶ丘S.C. A館 4F
☎042-337-2555

デザイン性と操作性に優れたDODのギアがずらりと並ぶ

おいしいビールを
そろえてます！

オーナーの本間さん（右）と
佐藤さん

地元ブルワリー直営の
クラフトビールバー＆酒屋

ビアバルクジェイ
BEER BULK J

日野市百草にあるブルワリー「GLaSS HOPPER BREW TEAM」が手がけるバー＆酒屋。醸造したてのクラフトビールをタップで飲め、缶ビールやグラウラーで持ち帰りもOK。さらにボリューム・味ともにパーフェクトな料理がそろい、喉の渇きと空腹を満たしてくれる至福の一軒だ。

多摩市一ノ宮3-5-16
☎ 042-202-0502

（左）生ビールと人気№1の「J'sジャークチキン」
（右）タップの数は8つ。いろいろな生ビールを飲み比べよう

ラベルがかっこいい
缶ビールは
お土産にも

総重量500gのSEISEKIバーガー。ビールに合う！

濃厚なソフトクリーム

牛舎風のおしゃれな建物

ジェラートは全部で15種類ほど

モグサファーム直営！
毎朝手作りの絶品ジェラート屋

アルティジャーノ・ジェラテリア
ARTIGIANO GELATERIA

日野市唯一の酪農家として百草地区で乳牛を飼育するモグサファーム直営店。搾りたてフレッシュな生乳、地元産の旬野菜や果物を使い、毎朝手作りする安心・安全なジェラートやソフトクリームが美味。

日野市百草329
☎ 042-599-2880

お土産には
カップ入りも
あるよ！

モグサファームへは
徒歩10分で到着

芽も実も花も、野菜を丸ごと料理します！

朝採れ野菜の無人販売もあり

店は農家の母家。裏山では果実も採れる

園主の青木さん（上）と小林さん

磨き上げられた趣たっぷりの店内

自然農法で作られる
多摩の里山の恵みをいただく

聖蹟桜ヶ丘駅

青木農園 農家料理

かつて多摩村と呼ばれ、多くの田畑が広がっていた同地区で、青木農園は元禄時代から13代続く農家。その家に嫁いだ青木幸子さんが生態系に着目した土作りからこだわる自然農法で、約1300坪の畑で年間70種の野菜や果物を栽培し、農家レストランを営む。料理のメニューは朝の収穫時に実際に味見しながら考えるという。丹精込めて作られたご馳走を大切にいただきたい。

多摩市和田1709　☎070-9033-0831

収穫体験など自然農法を広める活動はSNSで告知

10種以上の惣菜が並ぶ日替わりの野菜プレート（要予約）

ハイクのお供に弁当やサンドイッチも。予約もOK

旬の素材を使ったスイーツやドリンクも人気！

ハイクの
おやつにも
おすすめですよ！

路地奥の穴場感にワクワク！

靴を脱いでくつろげる店内

ドーナツ好きが
押し寄せる
人気店

見ても食べても
楽しい個性派
ドーナツ！

ハグジードーナツ

HUGSY DOUGHNUT

「ハートの女王」「ドラゴン」などネーミングセンスも抜群。ドリンクも各種そろう

多摩川近くの住宅地にある古民家を改装したドーナツ店は、地元で人気なだけでなく、全国のドーナツ好きの憧れの的。ドーナツは主に全粒粉など3種の小麦粉をブレンドしたフワフワなパン生地で、店主まつかわひろのりさん＆ゆみさんご夫婦の個性と遊び心にあふれた品が日替わりで並ぶ。

多摩市関戸2-18-7
☎ 090-6164-1916

聖蹟
桜ヶ丘
駅

駅徒歩3分。格子ガラス戸のおしゃれな店

聖蹟
桜ヶ丘
駅

オリジナルの
ドレッシングは
お土産に

上野さんが手がける
グッズや店内の
イラストも素敵

仲間やファミリーと！
駅近で楽しめる
アフターハイク

マスコット

MASCOT.

クリームチーズとプチトマトの明太子のパスタ、マンゴービール

おかわり必至の自家製チャイプリン

ハイカーの
みなさん、
お待ちしてます！

上野智文さんとみなみさんご夫婦が営む、地元客から人気のカフェレストラン。ランチならドリンクがセットになったお得な生パスタセットを、夜にはお酒に合うタパスが充実。さらに自家製スイーツも評判。子ども連れも安心して過ごせるので、ファミリーハイク後にもおすすめ。

多摩市関戸2-23-18　☎ 042-400-7441

大きなイチョウの木が目印

高幡
不動駅

エスプレッソ好きが
高じて店を開いた
大武正行さん

山小屋を想わせる
カフェ＆アウトドアストア

nero
ネロ

かつての医院の面影を残し
つつ、山小屋の趣きをも醸
す同店は、渓流釣りや山歩
きを愛する店主が営むカフ
ェ兼アウトドアショップ。
コーヒーの香ばしい香りが
漂う店内には、商品に混じ
り使い込んだ釣竿や登山靴
が飾られ、本棚には山や自
然関連の蔵書が並ぶ。店主
との山談議を楽しむもよし、
山へ想いを巡らせるもよ
し。居心地のよさに長居の
客が多いのもうなずける。

日野市高幡701
☎042-506-9181

→「フリーライト」のザックなど選りすぐりの山道具が並ぶ

→コーヒーは「ボンドルフィ」。チャパタサンドと共に

サコッシュや
財布など
店オリジナルも

静けさと温もりがいい雰囲気

一読の価値ある蔵書も店の魅力

日野、多摩、稲城で育った
高品質な野菜が並ぶ農産物直売所

ファーマーズマーケット
Farmer's market東京 みなみの恵み

人気の高い
地元の加工品も
手に入る！

高幡不動駅から徒歩17分の
国道20号沿い。約80台の
駐車場も完備している

ハイキング後の楽しみのひとつといえば、その土地の直売所
に赴くこと。そこでおすすめしたいのが、多摩エリア3市の
農家約170軒が育てた安心・安全な野菜を扱うJA東京みなみ
の直売所。日野特産のトマトをはじめ、採りたての旬の地場
野菜が手に入ると、連日多くの客でにぎわう。東京でもこん
なに野菜が作られているのかと、その恵みにワクワクする。

日野市万願寺6-31　☎042-589-0373

稲城特産の
梨ワインも
人気！

清潔な売り場に見やすく陳列された野菜たち。いいものをきちんと届けたいという店の想いの表われ

チェック！

地場野菜をふんだんに使った
サラダブッフェが大評判！

グリーンオアシスカフェ
green oasis cafe 042

建物2Fにあるレストラン
は、種類豊富な野菜料理の
サラダブッフェやボリュー
ム満点のお肉料理などがお
得な値段で食べられると地
元でも大人気。ハイク後の
ペコペコおなかも大満足！

☎042-506-2332

サラダやソテーなど
種類豊富な
サラダブッフェ

なめこの赤出汁、うまい！　麦ご飯にたっぷりのとろろをかけて

←囲炉裏を囲む非日常感に気分が高揚する

盛りだくさんの若鳥コース

長沼駅

野猿峠の森の中
囲炉裏を囲む
極上の鳥料理

鎌田鳥山

1928年の開店以来、野猿峠の尾根沿い（長沼公園内）で営業を続ける野鳥料理の老舗で、かつて天皇家の猟場だった鎌田霞網猟場を起源とする。趣たっぷりな店内から四季折々に美しく変化する多摩丘陵の森を望みながら、炭火でじっくり焼き上げた鳥料理に舌鼓を打つ。ハイクを締めるご馳走を求めて訪れたい。

八王子市長沼町587　☎0426-76-4576

ご来店をお待ちしています

コース01の
野猿峠に
あるよ！

大広間の囲炉裏席。火・水曜はカフェ営業　ジブリ作品にも登場　ツグミ料理を提供していた創業当時

チェック！

峠の小さな美術館

かつての囲炉裏小屋の一部が現在、私設の美術館として利用されている。展示は地元作家や造形大学学生の作品など。入場無料なので気軽に訪れて。

森の中に佇む美術館。森を守る活動の場にもなっている

生産者から直接買い付けた元気な植物がいっぱい！

Green Gallery Gardens

花苗や植木、観葉植物をはじめ、植木鉢や雑貨などのエクステリアやインテリアを取り扱う。近年人気のドライガーデン用の植物や個性的なビザールプランツ、またイギリス等から届くセンス抜群のアンティーク家具も必見。

Gardens Marché

産地直送の朝採れ無農薬野菜や天然酵母を使った安心・安全な焼きたてパン、そのほかオーガニックな加工食品などを全国各地から選りすぐって販売する。まるでパリのマルシェのようなおしゃれな店内にもワクワクする。

ランチは季節限定など含め10種ほど

Garden cafe Au coju

温かみあるレンガ壁やアンティークでそろえられた椅子やテーブルなど、こだわりの店内でいただけるのは、マルシェでも扱う新鮮な産直野菜を使ったボリューム満点の料理。手作りデザートを楽しむカフェ利用もおすすめ。

湧水に恵まれる1400坪の敷地に展開する
人気のライフスタイル複合ショップ

ウォーターヒルガーデン
Water Hill Garden

京王
堀之内駅

一本の井戸から湧き出た多摩丘陵の豊かで美しい水源を用い、1921年に創業した錦鯉の飼育販売を行う吉田観賞魚販売。現在、同社がその地で営業するのが観賞魚、ガーデン、マルシェ、カフェの複合施設だ。暮らしに楽しみや彩りを添えてくれるアイテムが1カ所で手に入れられる充実したスポットとして、連日都内近隣住民だけでなく、近県からも多くの客が足を運ぶ人気店。ぜひ訪れてみて。

八王子市松木15-3
☎ 042-676-7111

駅から徒歩15分ほど駐車場も完備

吉田
観賞魚

泳ぐ宝石とも呼ばれる美しい錦鯉の幼魚・成魚や、愛好家が急増中というメダカや希少な熱帯魚、淡水魚、さらに水草などのアクアリウム用品まで豊富にそろう。観賞魚ファンはもちろんのこと、水族館のように巡るのも楽しい。

美しい水中世界に目を奪われること間違いなし！

川崎市　多摩市　八王子市
京王相模原線・小田急線

多摩丘陵に延びる京王相模原線、
小田急線は、都心からのアクセスもよく、
手軽に里山＆街歩きが楽しめるエリア。
武蔵野の原風景を体感できる自然が
随所に残り、思いのほか濃厚な
ハイキングが楽しめる。

50 ｜ 住宅地そばにある山城跡と緑の道

小沢城址から多摩自然遊歩道

防人見返りの峠から、丹沢山塊と富士山を望む（P44）

04 向ヶ丘遊園から生田緑地へ

多摩丘陵に広がる緑地公園には、
四季を通じて触れ合える自然がいっぱい。
園内にある美術館や民家園などの施設も必見。

↓関東平野や都心方面が望める枡形山からのパノラマ風景

←飯室山展望所からは、都心方面が一望できる

枡形山広場でひと休み。春には桜風景も

↓生田緑地・奥の池の森林。秋はカエデの紅葉が見事

ヤマタイムで
ルートチェック！

歩行タイム …… 約2時間10分	難易度 ……… 初級 ★☆☆	
歩行距離 …………… 約6.1km	累積標高差 ………… 約200m	

● コースポイント

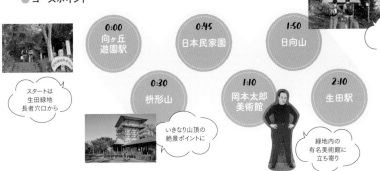

0:00
向ヶ丘
遊園駅

0:45
日本民家園

1:50
日向山

根岸稲荷で
お参りを

スタートは
生田緑地
長者穴口から

0:30
枡形山

1:10
岡本太郎
美術館

2:10
生田駅

いきなり山頂の
絶景ポイントに

緑地内の
有名美術館に
立ち寄り

多摩丘陵の一角に位置し、川崎市内最大の"緑の宝庫"とされる生田緑地。緑地内には、4つのミュージアムが点在し、自然だけでなく、歴史やアートなども満喫できる。

今回は向ヶ丘遊園駅からいちばん近い長者穴口からスタート。長い階段の上りが始まるので、まずはゆっくりペースで足慣らしを。鳥の声と木々の香りを楽しみながら、約360段の階段を上っていくと飯室山展望所に到着。

スタートから階段で
山頂まで上っていく

東京スカイツリーなど都心方面を一望しながら小休止しよう。10分ほど歩くと山頂の枡形山に到着し、標高84mという小さな山ながら、達成感もひとしお。しばし東京から多摩丘陵まで望めるパノラマ景色に酔いしれて。

ここからは石階段の下り道を進む。しばらくすると突如現われる藁葺き屋根の日本家屋に、まるで江戸時代にタイムスリップしたかのよう。歴史に興味ある人はここ、日本民家園に立ち寄ってみて。次は緩やかな登りのつつじ

地元の子どもたちの
寄せ書きにほっこり

山を経由して奥の池へ。水辺ではカワセミなど希少な生物を観察できる。林を抜けた先には岡本太郎美術館の巨大なオブジェがお出迎え。裏手には開放的な広場があり、モニュメントを眺めながらひと休みも。

生田緑地を後にし、最後は日向山へ。住宅街を40分ほど歩き、県道13号の歩道橋を渡って根岸稲荷神社へ。そこから少し登った日向山の広場には、次代へ山を残そうとする子どもたちの寄せ書きが。大切な自然を感じつつ、ゴールの生田駅をめざそう。

日向山で保存されてきた竹林道

岡本太郎美術館のシン
ボルタワー「母の塔」
は、高さ30mと大迫力。
夕刻には夕日が後光の
ように差して幻想的

江戸時代の民家が見学できる日本民家園。文化財の指定を受けた貴重な建物が並ぶ

岡本太郎美術館近くの西口広場でちょっと休憩。週末にはキッチンカーの出店もあるそう

住宅街を歩く

歩道橋を渡る

日向山

⑨
東生田緑地

20分

⑩
津久井道

根岸稲荷神社

小田急小田原線

⑧

G
生田駅

⑨
日向山

日向山の広場にはテーブルとベンチがある

⑩
住宅街の道を生田駅方面に下っていく

40分

専修大

専修バス大停学前

⑧
車道と別に設置された人道橋を日向山方面へと進む

⑦

東京バッティングセンター

バッティングセンター手前の細い道に入る

⑦
バッティングセンター手前の細い道を右に入る

● **アクセス（行き）**

● 小田急線 向ヶ丘遊園駅
　　↓ 徒歩
● 生田緑地長者穴口

向ヶ丘遊園駅南口に出てロータリーから延びる道路をそのまま直進。稲生橋交差点を直進し、そこから3分ほどで右折すると、ほどなく生田緑地長者穴口に。

● **アクセス（帰り）**

● 日向山
　　↓ 徒歩
● 小田急線 生田駅

日向山からしばらく住宅街を進み、県道3号の津久井道を右折。生田交番前の交差点を抜けて4分ほど進み、生田出張所入口の信号を左折したら生田駅に着く。

● 川崎市多摩区役所

向ヶ丘遊園駅

S

①
生田緑地長者穴口
緑地入口から長い階段を上っていく

立ち寄りスポット
「向ヶ丘遊園」(P58)

⑥
西口広場
岡本太郎作の巨大モニュメント「母の塔」を見下ろす開放的な景観が広がる人気スポット

① 生田緑地長者穴口
長者穴横穴墓群 ●

展望所

↓30分

② 都心方面を一望できる

②
階段を上りきった場所にある展望所からは、都心方面が一望できる

360度見渡せる展望台あり

④③ 枡形山
84
▲

15分

川崎市立
日本民家園 ○

P

③
枡形山展望台
エレベーターが設置された展望台からは360度の展望が楽しめる

● 生田緑地西口

● かわさき宙と緑の科学館

P

生田緑地ばら苑

⑥ 西口広場

岡本太郎美術館 川崎市

つつじ山

↓25分 **⑤**

④
枡形山広場
広々とした枡形山の山頂広場。トイレやベンチ、自動販売機がある

⑤
緩やかな登りを、鳥の声を聞きながらつつじ山へと向かう

川崎国際生田緑地ゴルフ場

神奈川県
川崎市宮前区

N

1:10,000
0　　　　200m

05 若葉台からよこやまの道

わかばだい

数百年の歴史を持つ日本一長い遊歩道。
万葉集にも詠われていた場所としても知られ、
歴史とロマンを感じる風景が広がる。

防人見返りの峠にて。
富士山をはじめ、丹沢
や奥多摩の美しい山々
と、多摩ニュータウン
の街並みが望める

↓一本杉公園で休憩。きれいなせせらぎもあり

← 防人見返りの峠手前、雑木林のアップダウンを進む

→ 住宅街のすぐ側など、変化のある道が楽しい

ヤマタイムで
ルートチェック！

歩行タイム	約3時間	難易度	中級 ★★☆
歩行距離	約9.8km	累積標高差	約300m

諏訪ヶ岳が
よこやまの道
最高地点

● コースポイント

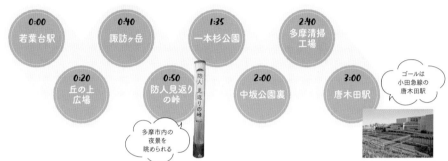

- 0:00 若葉台駅
- 0:20 丘の上広場
- 0:40 諏訪ヶ岳
- 0:50 防人見返りの峠
- 1:35 一本杉公園
- 2:00 中坂公園裏
- 2:40 多摩清掃工場
- 3:00 唐木田駅

多摩市内の
夜景を
眺められる

ゴールは
小田急線の
唐木田駅

尾根道であるよこやまの道は、万葉集で詠われた古道であり、歴史とロマンを感じることのできる散策道として知られている。

スタートは若葉台駅から約20分で着く、丘の上広場から。コースは全体的に高低差がほとんどなく歩きやすい。右手には尾根幹線と呼ばれる車道があり、よこやまの道のほぼ全域で併走し、眼下には多摩ニュータウンの街並みが広がるのも特徴だ。30分ほどで防人見返りの峠に到着。ここは道中で最も展望がよく、多摩の街並みと丹沢山塊、富士山などの山々が見渡せる、今コースのハイライトのひとつだ。

その後は歩いていると尾根道がいったん終わり市街地に出るので、道標に従って進もう。鎌倉街道に架かる橋を渡って進み、ふたたび遊歩道へ。小気味いいアップダウンをテンポよく進み、また恵泉女子学園付近でも尾根道は寸断されるので気をつけて進む。

案内板は地図だけでなく、道の歴史も知れる

一本杉公園内の古民家で休憩

尾根幹線に沿って大学前を通り、一本杉公園に入っていく。園内にはのどかな広場や美しいせせらぎ、奥には公園近隣から移築・保存されている江戸時代の古民家があり、縁側でひと息つくのもおすすめ。

後半も同じく尾根道を歩きながら、秋は真紅に色づく草木を楽しもう。ときおり、丹沢方面の展望が開けて気持ちがいい。しばらく進み、西洋の城のような多摩市総合福祉センターを眺めつつ、巨大ガスダンクの脇を行く。小田急線の操車場が見えてきたら、ゴールの唐木田駅まではもうすぐ。

紅葉に染まった道も美しい

45

道中ハイライトのひとつ多摩市総合福祉センター。城と見紛うばかりの重厚感ある建物に見入ること間違いなし

昔は田園風景が広がっ
ていた多摩丘陵一帯。
この道には当時を想像
させる面影が残る

小田急線唐木田駅の奥
にある車両基地。多く
の電車が整然と並ぶ光
景は終点ならでは

多摩モノレール

立ち寄りスポット
「AW kitchen
多摩センター店」(P63)

京王多摩センター駅

東京都
八王子市

京王電鉄相模原線

小田急多摩センター駅

多摩センター駅

府中カントリークラブ

⑨ 多摩市総合福祉センター

謎めいたお城のような、迫力ある存在感に
圧倒される。今コースの見どころのひとつ

⑧ 中坂公園から少し進んだ尾根道
からは丹沢方面の展望が広がる

唐木田駅

G

小田急多摩線

多摩市総合福祉センター

アクアブルー多摩

公園内に入る

一本杉公園

大妻女子大

⑩

多摩清掃工場前

⑨

セブン-イレブン

よこやまの道

40分

尾根幹線道路

25分

⑤

恵泉女学園大

20分

東京国際
ゴルフクラブ

山中分園

 キヤノン
スポーツパーク

⑦

中坂公園

⑥ 中坂公園裏

⑩ 多摩清掃工場

巨大なガスタンクを右手に見なが
ら進む。電車の操車場が見えたら、
ゴールの唐木田駅まではすぐ

⑧

多摩丘陵病院

東京都
町田市

奈良ばい

鶴見川

⑦ 中坂公園

日大三中・高

⑥ 全行程を通して案内板が細かく設
置され、歩きやすいのもよこやまの
道の特徴

京王永山駅
小田急永山駅
多摩大
丘の上広場
東京都
稲城市

1 丘の上広場から始まるよこやまの道。ここからしばらく尾根上の道を歩く

20分

京王電鉄相模原線

若葉台駅

S

諏訪ヶ岳
145

丹沢、富士山、奥多摩
方面の山々が見渡せる

2 防人見返りの峠

はるひ野駅

20分

10分

黒川池谷戸緑地

永山高

よこやまの道

45分

2 防人見返りの峠

展望所があり、多摩の街並みと丹沢山塊、富士山、奥多摩の山々が見渡せる

卸売市場

4

橋を渡る

国士舘大

真光寺公園

3 尾根道がいったん終わり、歩道に出る。案内板に従って進もう

よこやまのみち→

3

東光寺

鎌倉街道

4 鎌倉街道に架かる橋を渡って進む

5 一本杉公園

公園内に入る。広い園内には広場や古民家があり、休憩スポットとしても◎

●アクセス（行き）

● 京王線 若葉台駅

徒歩

● 丘の上広場

若葉台駅から西に進み、若葉台駅西交差点を左折。そこからひとつ目の交差点を左折し、都道19号へ合流。5分ほど歩くと左手に丘の上広場が見えてくる。

●アクセス（帰り）

● 多摩清掃工場

徒歩

● 小田急線 唐木田駅

ガスタンク脇の道を抜け、大通りに合流して北上。都道158号の交差点を直進し、そこからすぐの唐木田通り交差点を右折すると、ほどなく唐木田駅に到着。

1:23,000
0   500m

06 小沢城址から多摩自然遊歩道

<small>おざわじょうし　たまし　ぜんゆうほどう</small>

四季の変化に富んだ自然景観から
街を見下ろす眺望や城跡まで、
美しい緑と歴史の情緒に癒やされる。

鎌倉時代の多摩川南岸
における鎌倉の防衛線
を担ったひとつといわ
れている小沢城の跡地

←標高約86mの浅間山は登り応えも充分

↓寿福寺裏の通りは街を見下ろせる展望スポット

→突如現われる大樹。その存在感につい見上げてしまう

ヤマタイムで
ルートチェック！

歩行タイム	…… 約2時間10分	難易度	……… 初級 ★☆☆
歩行距離	………… 約3.7km	累積標高差	……… 約190m

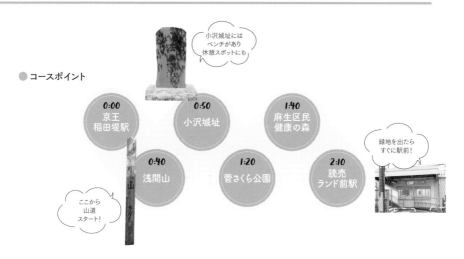

小沢城址には
ベンチがあり
休憩スポットにも

● コースポイント

- 0:00 京王稲田堤駅
- 0:40 浅間山
- 0:50 小沢城址
- 1:20 菅さくら公園
- 1:40 麻生区民健康の森
- 2:10 読売ランド前駅

緑地を出たら
すぐに駅前！

ここから
山道
スタート！

住宅地のすぐそばにある小沢城跡まで登ったり、雑木林の中の多摩自然遊歩道を歩いたり。豊かな自然を巡りながら、地域のルーツにも触れてみよう。

京王稲田堤駅から、まずは小沢城址登山口をめざす。住宅街を抜け、用水路沿いを歩いていくと目印の多摩自然遊歩道の看板が。ここから入山し、標高86mの浅間山へ。登っていくと先ほどまで住宅街を歩いていたとは思えない山深い雰囲気に早変わり。頂上には浅間神社の石祠があり、江戸期のなごりを今に伝える。そこから古井戸跡、小沢峰を越え、小沢城址にたどり着く。小沢城は、かつて鎌倉の防衛線を担った城のひとつだったそう。そんな歴史に思いを馳せなが

浅間山の山頂には浅間神社の石祠がある

ら、ベンチでひと休み。

その後は下りながら住宅街へ。しばらく歩いていると、登ってきた小沢城址の森が見える展望ポイントに。街のすぐそばに位置しているのもよくわかる。そこから5分ほどで菅さくら公園に到着。園内にはベンチやトイレがあり、おやつタイムにもぴったり。さらによみうりランドやジャイアンツのファーム球場などを横目に進むと、麻生区民健康の森に着く。小ぶりながらも手入れの行き届いた森の美しさに惚れ惚れするはず。

ラストは多摩自然遊歩道へ。出会えるのは美しい木漏れ日や風情ある竹林、クヌギやコナラなど里山の木々たち。下山後は至近にあるカフェ・ド・シュロで、森の余韻に浸りながらゆったりと食事を。

手入れの行き届いた美しい麻生区民健康の森

多摩自然遊歩道の美しい木漏れ日

51

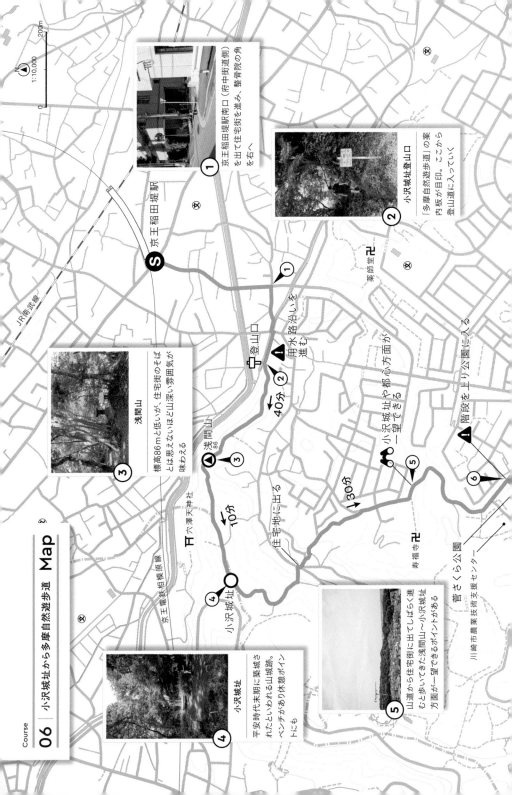

200m

1:10,000

0

N

JR南武線

京王稲田堤駅

京王相模原線

京王電鉄相模原線

S 京王稲田堤駅

① 京王稲田堤駅南口（府中街道側）
を出て住宅街を進み、整骨院の角
を右へ

② 小沢城址登山口
「多摩自然遊歩道」の案
内板が目印。ここから
登山道に入っていく

③ 浅間山
標高86mと低いが、住宅街のそば
とは思えないほど山深い雰囲気が
味わえる

④ 小沢城址
平安時代末期に築城さ
れたといわれる山城跡。
ベンチがあり休憩ポイン
トにも

⑤ 山道から住宅街に出てしばらく進
むと歩いてきた浅間山〜小沢城址
方面が一望できるポイントがある

登山口

用水路沿いを
進む

① 登山口

② 40分

薬師堂 卍

浅間山
86

③ 10分

穴澤天神社 ⛩

小沢城址 ④

住宅地に出る

小沢城址や都心方面が
一望できる

⑤ 30分

⑤

寿福寺 卍

⑥ 階段を上り公園に入る

菅さくら公園

川崎市農業技術支援センター

③ 浅間山
標高86mと低いが、住宅街のそば
とは思えないほど山深い雰囲気が
味わえる

● アクセス（行き）

京王線 京王稲田堤駅 ―徒歩→ 小沢城址登山口

京王稲田堤駅の南口を出て県道9号を渡り、直進して三沢川が通る交差点を過ぎ、整骨院の角を右折。用水路沿いを進むと小沢城址登山口に到着。

● アクセス（帰り）

麻生区民健康の森 ―徒歩→ 小田急線 読売ランド前駅

多摩自然遊歩道の竹林を抜けると住宅街に。道なりに進み、突き当たりを右折。そのまま進むと県道3号線に合流し、読売ランド前駅に着く。

⑩ 竹林を進むとやがて住宅街に出て、ゴールの小田急線読売ランド前駅はすぐ

☕ 立ち寄りスポット（P63）
カフェ・ド・シュロ

Ｇ 読売ランド前駅

⑨ 麻生区民健康の森
森に囲まれた広場。「麻生美の森の会」の方々により、きれいに整備されている

⑦ 菅さくら公園のトイレ

⑥ 菅さくら公園
歩道右手にある階段を上って公園内に入る

⑧ 立体交差の道を渡ってすぐ右手の階段を下る

・日本テレビ生田スタジオ

ヴェルディグランド

立体交差の橋を超えたらすぐ右手に入る

⚠ スズメバチ注意

武蔵野貨物線

多摩美緑地

麻生区民健康の森

多摩自然歩道

小田急小田原線

三沢川

⑦ ↓20分　⑧　⑨

⑩ ↓30分

07 小山内裏公園から絹の道

おやまだいり　きぬ
やりみず

多摩丘陵の主稜線上にある小山内裏公園から
かつて生糸で栄えた鑓水の絹の道へ。
自然と歴史、展望を楽しむ丘陵ハイク。

希少な
動植物の
宝庫です

絹の道の最高到達点・
大塚山公園から望む、
八王子の街並み。コー
ス随一の絶景スポット

↓ガードレール脇にこんもりと茂る、伝一里塚のエノキ

←新緑がまぶしい初夏の小山内裏公園・鮎道

→1865年に建てられたという八王子道標

ヤマタイムで
ルートチェック！

歩行タイム	……	約2時間15分	難易度	………	初級 ★★★
歩行距離	…………	約6.6km	累積標高差	………	約206m

●コースポイント

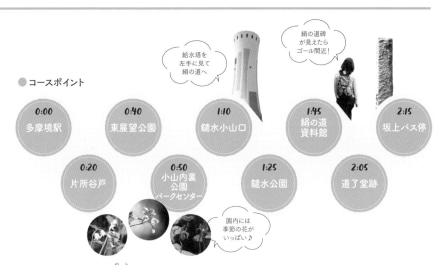

給水塔を
左手に見て
絹の道へ

絹の道碑
が見えたら
ゴール間近！

0:00 多摩境駅	0:40 東展望公園	1:10 鑓水小山口	1:45 絹の道資料館	2:15 坂上バス停

0:20 片所谷戸	0:50 小山内裏公園パークセンター	1:25 鑓水公園	2:05 道了堂跡

園内には
季節の花が
いっぱい♪

里山の生態系が残る谷戸は、丘陵ハイクの見どころのひとつ。小山内裏公園周辺には自然豊かな谷戸が多く、多摩境駅からのアクセスもいい。尾根緑道から鮎道、絹の道へと足を延ばせば、歴史探訪も楽しめるだろう。

小山内裏公園の藤棚（4月）

駅を出たらまずは片所谷戸へ。入り口は霊園の横にひっそりとある。雑木に囲まれた谷戸には湧水が流れ、希少なタマノホシザクラやホタルが見られる。

北側から谷戸を出て多摩境通りを渡り、小山内裏公園東側の入り口から尾根緑道に入ろう。尾根緑道はかつて戦車道として整備されたが、現在は緑豊かな遊歩道になっている。公園内の4つのサンクチュアリは自然保護のため立ち入れないが、大田切池周辺の遊歩道から自然観察を楽しもう。園内北西

（左）小泉家屋敷は内部非公開　（右）大塚山公園の道了堂跡

側にある鮎道を進み、鑓水小山口へ。

公園を出たら、給水塔を目印に絹の道へ。この道は浜街道とも呼ばれ、横浜開港から明治中期まで、八王子の生糸を横浜へと運んだ。現在は大部分が住宅地を通る舗装路だが、道中には養蚕農家の小泉家屋敷や八王子道道標など、多くの文化財が残る。余裕があれば諏訪神社や永泉寺に立ち寄ってもおもしろい。生糸商人の屋敷跡に建てられた絹の道資料館を過ぎると、道は昔の面影を残す未舗装路になる。道了堂跡を見学したら、街を見下ろす絶景の丘から急階段を下りバス停へ。

地元有志が守る片所谷戸。
動植物の採集は厳禁だ

55

1:14,000
0 200m
N

寺社巡りもおすすめ！
チェック！

永泉寺

1573年創建と伝わる寺院。以前の本堂は明治時代に焼失したため、現在は横水商人・八木下要右衛門の屋敷の母屋を移築して本堂としている。
☎042-676-8104

札次神社

鹿島神宮を勧請したもので、創建年代は不明。境内には蚕種（こだね）石が祀られ、養蚕の歴史をしのばせる。町名木百選に選ばれたヤマザクラも見事。
☎042-797-3559

⑤ 大田切池

大田川の源流部。まるで大正池のような枯れ木立が印象的だ

⑥ 鮎道と尾根緑道の合流地点からは、奥多摩の山々が遠望できる

東京都
八王子市

⑨ 「歴史の道百選」に選ばれた、絹の道核心部

⑦ 小高い丘と芝生の広場、トイレがある鑓水公園

白山神社

絹ヶ丘

⑩ 道了堂跡

絹の道碑の横の階段を上ると、道了堂の礎石の跡と灯籠が見られる

北野台

北野台三丁目

·193

絹の道

立ち寄りスポット
「絹の道資料館」（P65）

20分

G 坂上
大塚道了山
下公園
堂跡

絶景を見下ろすビューポイント

北野

東京工科大

八王子バイパス

⑩ 絹の道碑

絹の道

卍永泉寺
嫁入橋

八王子道道標

絹の道入口

伝一里塚の榎

鑓水三差路石塔群

諏訪神社

⑧ 石塔群のある鑓水三差路から、絹の道の未舗装部分から入る

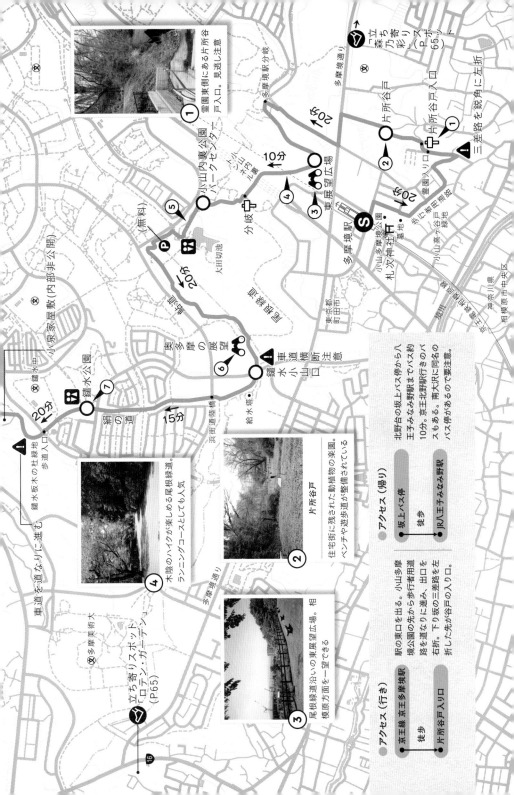

立ち寄りスポット
森乃彩り（バス）（P.65）

① 霊園東側にある片所谷戸入口。見逃し注意

小山内裏公園 パークセンター

10分

⑤ 分岐

（無料）

大田切池

小山元気

④ 東展望場

③ 東展望場　多摩境駅西

⑥ 奥多摩の展望

S 多摩境駅

小山多摩境公園 札次神社前

東京都 町田市／神奈川県 相模原市中央区

20分

境運動場

② 片所谷戸

① 片所谷戸入口

片所谷戸入口

霊園入口

三差路を鋭角に左折

歩行者専用道路

小山高ヶ谷戸用線地

小泉家屋敷（内部非公開）

鑓水中

⑦ 鑓水公園

鑓水板木の杜緑地　歩道入口

車道を道なりに進む

20分

絹の道

15分

車道横断注意

水道 小山口

給水塔

浜街道陸橋

多摩美術大

立ち寄りスポット
ロデン・ガーデン（P.65）

④ 木陰のハイキングが楽しめる尾根緑道。ランニングコースとしても人気

② 片所谷戸　住宅街に残された動物の楽園。ベンチや遊歩道が整備されている

③ 尾根緑線道沿いの東展望広場。相模原方面を一望できる

● アクセス（行き）
京王線 京王多摩境駅 — 徒歩 — 片所谷戸入口

駅の東口を出る。小山多摩境公園の先から歩行者専用道路を道なりに進み、出口を右折。下り坂の三差路を左折した先が谷戸の入り口。

● アクセス（帰り）
坂上バス停 — 徒歩 — JR八王子みなみ野駅

北野台の坂上バス停から八王子みなみ野駅までバス約10分。京王北野駅行きのバスもある。南大沢方面に同名のバス停があるので要注意。

向ヶ丘遊園・多摩センター・橋本駅 周辺のおすすめ施設&レストラン&ショップ

重要文化財から美術館、ローカルグルメまで、魅惑的なコンテンツが充実。
テイクアウトにも休憩にも、便利で楽しいスポットをご紹介。

商家が立ち並ぶ宿場エリアの入口

古民家に関する知識を学べる展示室

囲炉裏を囲んで食事をする民家の広間

宿場で薬屋を営んだ三澤家住宅

まるでタイムスリップ気分!
歴史的民家が集まる江戸の光景

向ヶ丘
遊園駅

川崎市立日本民家園

生田緑地内にある日本の古民家を中心とした野外博物館。園内には、東日本の代表的な茅葺屋根の民家をはじめ、水車小屋・歌舞伎舞台など25件の建物があり、そのすべてが文化財の指定を受けている。ほかにも園路には、道祖神や庚申塔などの石造物、民家内には、農具・機織り機などの生活用具類を展示しており、昔の生活が垣間見られるのも興味深い。日本民家の歴史を学びながら、まるで江戸時代へとタイムスリップしたかのような気分が味わえる。

川崎市多摩区枡形7-1-1 生田緑地内
☎ 044-922-2181

チェック!

そば処 白川郷

大きな合掌造りの山下家住宅の1階にあるそば処。山梨県の忍野村の湧き水を使ったそばを提供し、店だけの利用も可能。

58

不動産店と
植物店が同居する
異色のスタイル

遊園不動産
ザ ギャザリング
THE GATHERING

軒先にも植物がたくさん

リース作りなど
ワークショップも
やってます!

人気のシダ植物トキワシノブ

不動産専門店にグリーンショップが併設されたユニークなスタイル。定番から多肉植物、ビザールプランツまで豊富なグリーンがめじろ押し。植物と鉢のセット売りも多くそろい、小ぶりなサイズなら持ち帰りも。のどかなハイクで癒された後は、おうちにも緑を取り入れ、自然の余韻に浸ってみては。カフェも隣接し、ほっとひと息にも最適。

川崎市多摩区東生田1-14-5
☎ 044-281-0427

店内は植物でぎっしり! 緑に囲まれながら不動産の打ち合わせも行なう

向ケ丘遊園初の醸造所も
構える本格クラフトビールバー

モンキーレンチ
MONKEY WRENCH

ついに完成!
向ケ丘遊園発の
クラフトビール

川崎市TKBrewingのクラフトビールとラスポテト

ビールとバイクをこよなく愛するフレンドリーな店主が営むクラフトビールバー。川崎のビールをメインに、12タップのクラフトビールが楽しめる。また2023年には店内に醸造所を構え、待望のオリジナルビールもリリース。お供には、昔懐かしのラスポテトや北海道十勝の食材を使った、杯が進むメニューをぜひ。ハイクの締めくくりに、地元のビールで乾杯しよう!

川崎市多摩区枡形3-5-4 ☎ 044-712-3969

北海道北富良野のタップもあり

醸造所名は
オーバーレブ
ブリューイングです

(左)窓に配した大きなロゴが目印 (右)広々とした空間でゆったり

(左)ドライフワラーのキャンドル (右)ホウロウのキッチン用具など

かわいい雑貨が映える白を基調とした店内

かわいいで埋め尽くされた
雑貨＆ハンドメイドショップ

nap*さんが作る
靴ブローチも
おすすめ

サニーデイズ
Sunny Days

国内外からセレクトした食器、日用品、布物、洋服、アクセサリーなど、店内はかわいい物でいっぱい。加えてハンドメイド作家の多種多様なアイテムをそろえ、毎月イベントスペースにて企画展示を開催。これまでにも「おやつ」「手紡ぎ」などをテーマにしたユニークな展示を開き、ここでしか出会えない作品も。訪れるたびに新しい発見があり、楽しい宝探しが尽きない。

川崎市多摩区登戸2706-5 ☎044-932-0916

店主の白井さん。店は今年で26年目

向ケ丘
遊園駅

向ケ丘
遊園駅

海老と舞茸のトマトクリームペンネとポテト

ハイキングのお供に
イタリアンのテイクアウトを

ラベンナ
RAVENNA

イタリアンから韓国、エスニックまでさまざまな国の料理を独自にアレンジ。テイクアウトにも対応し、とりわけもちもち食感の生ペンネは、パスタのなかでも伸びにくくてハイクのお供にぴったり。休日にはピクニック用に注文するファミリーやグループも多いそう。山歩きにイタリアンのテイクアウトという新しい選択肢をぜひ試してみて。

川崎市多摩区東生田1-14-1
☎044-933-6697

(左)生田緑地まで徒歩5分のロケーション (右)リラックスできる南国風のたたずまい

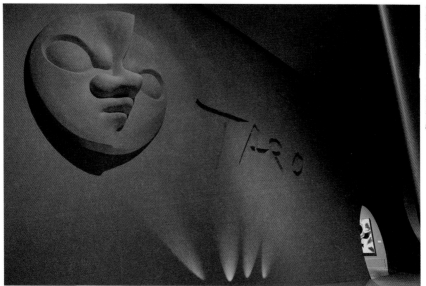

常設展示室入口にある「赤の部屋」

自然の中にある
唯一無二の芸術
岡本太郎ワールド

川崎市
岡本太郎
美術館

生田緑地内にある、芸術家・岡本太郎の美術館。川崎生まれという同氏より川崎市に寄贈された作品1779点が収蔵され、さまざまな企画展示とともに彼が遺したアートやメッセージを鑑賞できる。「自然と融合した美術館」がコンセプトゆえ、「母の塔」を設置した公園スペースや、湧き水を利用した池など、生田緑地の自然を取り入れた開放的な設計も魅力。ここでしか体験できない太郎ワールドをご覧あれ。

川崎市多摩区枡形7-1-5 生田緑地内 ☎044-900-9898

観覧料：大人500円〜　高・大学生300円〜　※展示内容により異なります

向ヶ丘
遊園駅

※掲載の展示は時期によって見られない作品もあります

（写真左）「ひそやかな跳躍」（1963年）（写真右）「マラソン」（1964年）

見応えのある大作「挑む」（1980年）

←館内のオブジェ「樹人」（1971年）

←「子供の時間」（1975年）

芸術は爆発だ
！！！！！！

ハイクを豊かにしてくれるギアが盛りだくさん

アウトドアでも自宅でも
使いたくなるギアがめじろ押し

ラインナップの
ほとんど
1万円以下です

efim
エフィム

場所は都道158号沿い。駐車スペースもあり

アウトドア愛好家はもちろん、キャンプ未経験者も買い物に訪れる人気店。その理由はリーズナブル×デザインセンスのセレクト。キャンプでも自宅でも使えるデザイン性の高いギアが並び、まるでオシャレな雑貨屋のような雰囲気を持ち合わせ、初心者でも手に取りやすい。アウトドアには興味があるけどちょっと敷居が高いと感じている人はまずこちらへ。今日からでも使いたくなるアイテムがきっと見つかる。

多摩市鶴牧1-6-6　☎042-357-3966

低山登山におすすめ4アイテム

← **FOLDING STOOL**

重量約630gのコンパクトな折りたたみチェア。同柄のバッグもセットで付いていて、持ち運びも楽々快適

← **3in1 CUTLERY**

ナイフ、フォーク、スプーンがひとつにまとまる、マルチカトラリー。携帯性はもちろんデザイン性も◎

SPYROLL →

炎のやすらぎを再現した3way小型ランタン。置く・吊るす・照らすの使い分けで、リラックスタイムを

SIERRA CUP →

オリジナルグリップを用いたデザイン。クッカーとしてはもちろん、ちょっとした行動食やおやつの食器にも

美術館のような洗練されたデザイン

太陽の光がさんさんと降り注ぐ店内

開放的な空間でいただく 新鮮野菜の絶品イタリアン

エーダブリュキッチン

AWkitchen 多摩センター店

多摩市山王下の小高い丘の上にあるレストラン。開放的な店内では、名物のバーニャカウダをはじめ、全国の農家から仕入れた新鮮野菜をたっぷり使ったパスタや前菜を豊富に用意。お得なパスタランチでは、4種から選べるメインやサラダに加え、五反田の人気ベーカリー「IKEDAYAMA」の焼きたてパンも楽しめ、味もボリュームも満点！

多摩市山王下2-2-2
☎ 050-1807-6597

多摩センター駅

4種から選べるパスタランチ。パンとサラダまたはスープ付き

読売ランド前駅

定番やシーズナルから選べるケーキセット

どこか懐かしくも温かい ほっとできる地域のオアシス

自家焙煎した珈琲豆の自動販売機も！

カフェ・ド・シュロ

喧騒から離れた住宅街にひっそりとたたずむ隠れ家カフェ。懐かしい木製の引き戸を開けた先には、黒光りした木の床とショーケースいっぱいの美しいケーキがお目見え。2階にはずらりと本が並び、図書館のように静かな時間が流れる。ドリアやピザなどの食事や、ケーキと飲み物のセットとともに、友だち連れも家族もお一人様にも、思い思いの時間をゆったりと満喫。

川崎市多摩区西生田1-20-1　☎ 044-953-5436

(左)築50年のアパートを改築 (中)地元食材を使った甘さ控えめなスイーツ (右)ソファ席やカウンター席を配置した2階

63

誰もが気取らずくつろげる地域密着ダイナー

TURNER DINER
ターナーダイナー

> 夏祭りなどの季節のイベントも開催しているよ！

黒川駅前の複合施設「ネスティングパーク黒川」に開業したダイナー。新鮮な川崎地野菜を使用したハンバーガーは、かぶりつくと同時に肉汁が一気にあふれ出し食べ応え満点。その肉々しさにプロスポーツ選手も食べにくるとか。屋外では焚き火やバーベキューも楽しめ、コミュニティの場として地域づくりにも貢献。

川崎市麻生区南黒川4-2
ネスティングパーク黒川内
Instagram @turnerdiner_kurokawa

(左)ロッジ風のかわいい外観 (中)店主の大関さん夫妻 (右)木を基調とした温かいインテリア

黒川駅

BBQプルドポークチーズバーガーとグアバジュース

若葉台駅

高さや形を組み替えられるコンテナ席

> 栄養たっぷりのスムージー「ラブベリーうるうるコラーゲン」

疑問をすぐノートに

疑問をノートに書いてひらめきをカタチに！

note cafe
ノートカフェ

> 北海道夕張メロンのソフトクリームもおすすめ!!

「若葉台メディアセンター」にあるカフェ。店内に設置してある書物やスタッフとの会話を通して浮かんだアイデアや疑問の数々。それらを用意されたノートやペンで書き留め、その場で"カタチ"にすることでたくさんのひらめきや好奇心、発想力を養いながら、おいしいドリンクや食事でご褒美タイム。大人も子どもも、クラフトワークに夢中なること間違いなし。

稲城市若葉台2-10-1 テレビ朝日メディアセンター

チェック！

君も博士になれる展

テレビ朝日にて放送中の「サンドウィッチマン＆芦田愛菜の博士ちゃん」企画展がカフェの同施設にて好評開催中なので、HPなどでチェックしよう。

虫のキモチが学べる新エリア　人気の体内探検エリア

生糸を運んだ絹の道と
養蚕・製糸の歴史を学ぶ

絹の道資料館

八王子から横浜へと、輸出用の生糸を運んだ絹の道。その経由地にある鑓水には、生糸の売買で栄えた鑓水商人や、養蚕農家の暮らしを伝える文化財が数多く残る。絹の道資料館は、生糸商人・八木下要右衛門の屋敷跡に建てられており、遺構や養蚕・製糸にまつわる資料などを見学できる。無料の休憩所としても利用可能。

八王子市鑓水989-2
☎042-676-4064

鑓水

資料館の庭には土蔵や排水溝の跡が残る

（左）通り沿いの石垣が特徴的 （右）機織り機や糸車などの実物展示も

多摩境駅

開放的な露天風呂は温泉地のよう

森の中の露天風呂で
源泉掛け流しの黒湯を楽しむ

多摩境天然温泉 森乃彩
もりのいろどり

多摩境駅から徒歩やバスで行ける、街なかの温泉施設。緑に囲まれた露天風呂では、関東特有の黒湯を源泉掛け流しで楽しめる。炭酸泉や替り湯、よもぎ泥塩サウナなど内湯もバラエティ豊か。リラクゼーション施設や食事処も充実。

町田市小山ヶ丘1-11-5 ☎042-860-1026

テラスで焼くジンギスカンが楽しい！

食事処や休憩所が並ぶ　　バケツジンギスカン

夜景の見える天望風呂で
天然の「美肌の湯」に浸かる

天然温泉 ロテン・ガーデン

町田市相原の温泉施設。肌触りのいい炭酸水素塩泉が魅力。大浴場は男女日替わりで、屋上の天望露天風呂には源泉掛け流しの浴槽も。岩盤浴や食事処、まんがコーナーなど設備も充実。橋本駅や八王子駅、南大沢駅から送迎バスあり。

町田市相原町358番地 ☎042-774-2681

橋本駅

町田市で初めての天然温泉

源泉掛け流しの天望風呂　まんがが1万冊を置く休憩室

ハイク＋キャンプを楽しもう！
多摩エリアのとっておきキャンプ場3選

ハイクと一緒に楽しみたいアクティビティの代表格といえばキャンプ。「でも東京でキャンプをするなら奥多摩まで行かなくちゃダメでしょ？」という声もちらほら聞こえてきます。いえいえ、そんなことはないんです！ 本書で紹介しているコースからアクセスしやすく、穴場感満載のとっておきのキャンプ場を3カ所紹介します。

木々に囲まれた静かなキャンプ場。
清潔な炊事場や釜戸も魅力的。トイレもすぐそば

多摩市

テーブルやベンチも充実。遊具も近く、子連れにもうれしい

BBQグリルやテント、テーブルなどの貸し出しが無料！

select
1 ｜ 大谷戸公園キャンプ練習場

コース03のルート上にある多摩市立の大谷戸公園にあるキャンプ練習場。メタセコイヤの大樹に囲まれた美しい空間で、市街地近くにもかかわらずとても静か。市民以外の利用も可能なうえ、BBQグリルやテントなどのレンタルが無料というお得なサービスも。キャンプ初心者をはじめ、手軽にキャンプを楽しみたい人におすすめ。

多摩市連光寺5-17-1大谷戸公園内　☎042-374-2313

緑豊かなキャンパスの一部を利用したキャンプ場

select
2

camp park Raft

八王子にキャンパスのある星槎大学と星槎国際高校に通う学生たちが授業の一環として技術を学び、事業として実践・運営するユニークなキャンプ場。高尾駅北口からバスでアクセスでき、焚き火台やテーブル、椅子などが手頃な料金でレンタル可能。気軽にキャンプを楽しめる注目のスポットだ。

八王子市元八王子町2-1419
☎ 042-673-4015

家族連れからも人気が高い

デイキャンプで焚き火を楽しむのもいい

select
3

町田市

Nature Factory 東京町田

コース11で紹介する草戸山の麓に位置し、ハイクの前後泊に利用する人も多い。町田市指定の管理者運営の下、地元の自然を楽しんでもらいたいとキャンプやロッジの宿泊施設を提供するほか、親子で楽しめる趣向を凝らしたアウトドアイベントも四季折々に開催する。

町田市相原町5307-2
☎ 042-782-3800

布団を備えたキャビンもあり、初心者も安心

BBQ場。器具の無料レンタルも

杉木立の中にある気持ちのいいテントサイト

本館では広々とした浴室も利用可能

小田急線

町田市

発展した駅前からは想像できないほど、
豊かな自然が楽しめる町田エリア。
里山にひっそり残された古道をたどり、
トンボや野鳥が飛び交う昔ながらの谷戸や
高台から見下ろす絶景を満喫する。
住宅街から一歩踏み出して、
気軽な丘陵ハイクに出かけよう!

七国山に残る鎌倉古道は、歴史と自然を感じられる絶好のハイキングスポット(P76)

80 | 住宅街を抜け、絶景の尾根道散歩
鶴川から真光寺公園

HIKING IN TAMA AREA
Chapter
3
GUIDE BOOK

08 | 小野路・小山田

<ruby>小<rt>お</rt></ruby><ruby>野<rt>の</rt></ruby><ruby>路<rt>じ</rt></ruby>・<ruby>小<rt>お</rt></ruby><ruby>山<rt>やま</rt></ruby><ruby>田<rt>だ</rt></ruby>

1日かけて
じっくり
歩こう！

タイムスリップしたような里山と
広大な緑地公園を巡る、町田屈指の散策路。
尾根緑道とつなげて歩き応えも満点！

小山田緑地のみはらし
広場は、昼休憩に最適

←尾根緑道でサクラとナノハナの共演を楽しむ

↓昔懐かしい、奈良ばい谷戸の炭焼き小屋

→萬松寺の参道にある六地蔵

ヤマタイムで
ルートチェック！

歩行タイム ····· 約2時間30分	難易度 ········· 初級 ★☆☆
歩行距離 ········· 約7.8km	累積標高差 ········· 約293m

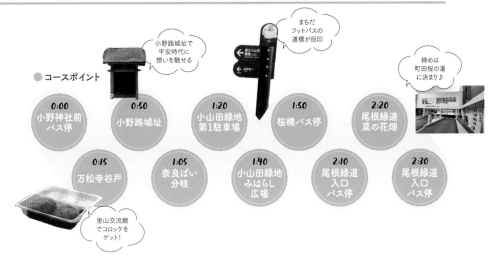

● コースポイント

小野路城址で
平安時代に
想いを馳せる

まちだ
フットパスの
道標が目印

締めは
町田桜の湯
に決まり♪

0:00 小野神社前バス停

0:50 小野路城址

1:20 小山田緑地第1駐車場

1:50 桜橋バス停

2:20 尾根緑道菜の花畑

0:15 万松寺谷戸

1:05 奈良ばい分岐

1:40 小山田緑地みはらし広場

2:10 尾根緑道入口バス停

2:30 尾根緑道入口バス停

里山交流館
でコロッケを
ゲット！

宿場町の歴史と里山の自然を感じられる小野路と、隣接する広大な小山田緑地は、町田を代表する散策路のひとつだ。春には尾根緑道の桜も合わせて楽しみたい。やや距離が長く起伏も多いので、時間には余裕を持つこと。

小野神社前バス停は、宿場町の面影が残る小野路宿通りにある。江戸時代の旅籠を改修した小野路宿里山交流館に寄り、万松寺谷戸へ。見渡すかぎりの湿田と棚田に動植物が溢れるさまは圧巻だ。一帯は保全地域に指定され、昔ながらの里山環境が守られている。

萬松寺の階段脇から細道を登ると、竹林の先に六地蔵が鎮座する。小野神社からの道と合流したら左折し、畑直売所や牛舎などが並ぶ里道を行く。下り坂手前で道標に従い左折し、樹林帯のハイキングコースに入る。最初の分岐は直進し、保全地域看板のある分岐へ。

小野小町の伝説が残る小町井戸や、平安時代の築城といわれる小野路城址を見

（左）萩生田牧場の牛舎 （右）畑直売所で摘み取り体験

たら分岐に戻り北上する。木製看板のある奈良ばい分岐から谷戸へ下ると視界が開け、炭焼き小屋や棚田など懐かしい農村風景が広がる。

車道を渡り小山田緑地へ。この公園は44haの広大な丘陵地に4つの園地が整備されている。本園の池を巡る木道や雑木林を散策しながら、標高123mのみはらし広場をめざそう。丹沢や多摩丘陵の展望を満喫したら、小野球場横の細道から都道へ出る。

桜の季節なら、さらに尾根緑道まで足を延ばそう。桜並木の道を菜の花畑まで歩いたら、尾根緑道入口バス停へ戻る。

起伏に富む小山田緑地を散策。雑木の緑がまぶしい

例年3月下旬～4月上旬にかけて、サクラのトンネルになる尾根緑道。さくらまつりの期間中は花見客でにぎわう

奈良ばい谷戸では、地
元ボランティアが伝統
農法による稲作や里山
保全活動を続けている

小山田緑地本園の調整
池。木道を散策すれば、
トンボやカエル、水鳥
などが出迎えてくれる

⑥ 小野路城址

保全地域看板がある分岐の小山が
城址。右側から登ると説明板あり

⑦ 奈良ばい分岐

小野路宿からの道と合流。左折す
るとすぐ谷戸の棚田が見えてくる

（バイオトイレ）

白山神社 ⛩
小山田緑地第1（無料）
小山田緑地
本園
🅿

立ち寄りスポット
「小山田ブルーベリー園」
（P87）

車道横断注意
球場の横で右折

小山田緑地第2（無料）🅿
管理所・

みはらし広場 ⑧

⑧ みはらし広場

さわやかな風が吹く高台の広場。
近くに遊具があり子連れにも人気

桜橋
宮橋

まちだフットパスの
道標あり。
車道横断注意

日大三中・高

⑨ 大賀藕絲館

大賀ハスを使った工芸品やお菓子
などが買える福祉施設。コーヒー
の提供も

立ち寄りスポット
「町田市考古資料室」
（P85）

住宅街を道なりに進む

尾根緑道
菜の
花畑

展望
広場

大賀藕絲館

⑩

⑨

🅿 市立室内プール（有料）

立ち寄りスポット
「町田桜の湯」
（P85）

・バイオエネルギーセンター
🅿（有料）
市立室内プール
・ニーズセンター
花の家

⑩

展望広場付近からの菜の花畑。
観賞時は車の通行を妨げないこと

Ⓖ 尾根緑道入口

トンボ池
アサザ池
大久保分園
町田市苗圃
下小山田町
梅木窪分園
扇橋
大泉寺
・118
大泉寺
20分
10分
20分
鶴見川
尾根緑道
10分

⑤ 樹林に囲まれたベンチでひと休み。この先分岐が多いので要注意

④ 六地蔵
しっとりした参道に地蔵や道祖神が並ぶ。古道の雰囲気を楽しもう

立ち寄りスポット「ラシェット」へ（P84）

小野路

小野路町

まちだフットパスの④の道標に従う

小島資料館

奈良ばい分岐 **⑦**

炭焼き小屋

鋭角に左折し舗装路を進む

旧小野路宿 **①**

⑤ ベンチ

分岐は直進 ⚠️

萩生田牧場

畑直売所

小野神社 ⚠️

P（有料）

S

小野神社前

15分

15分

35分

六地蔵 **④**

萬松寺 卍

15分

分岐 **②**

奈良ばい谷戸

保全地域看板

小町の井戸

万松寺谷戸 **③**

⚠️

🚻（バイオトイレ）

立ち寄りスポット「小野路宿里山交流館」（P85）

小野路城址 **⑥**

復路は萬松寺階段付近から山側の細道に入る

日大三高東

東京都
町田市

③ 万松寺谷戸
保全地域内にあるので、植物採集やコース外への立ち入りはNGだ

② 小野神社の先で都道から脇道へ。真ん中の畑沿いの道を進む

① 旧小野路宿
板塀や水路に宿場町の面影が残る、小野路宿通りの街並み

図師町

N
1:12,000
0   200m

● **アクセス（行き）**

| 小田急線 鶴川駅／小田急線・京王線 多摩センター駅 |
| 神奈中バス |
| 小野神社前バス停 |

鶴川駅からは鶴32・町36のバス、多摩センター駅からは鶴32のバスを利用。どちらも所要約15分。町田駅からのバスもあるが、本数が少なく所要約30分。

● **アクセス（帰り）**

| 尾根緑道入口バス停 |
| 神奈中バス |
| JR・小田急線 町田駅 |

町田バスセンター行きのバス（町39）が1時間に1本程度ある。所要は約25分。尾根緑道まで行かない場合は、桜橋バス停から町田駅か淵野辺駅へ。

09 | 七国山から薬師池

<ruby>七<rt>なな</rt></ruby><ruby>国<rt>くに</rt></ruby>山　<ruby>薬<rt>やく</rt></ruby><ruby>師<rt>し</rt></ruby><ruby>池<rt>いけ</rt></ruby>

鎌倉古道が残る七国山を
名勝地・薬師池公園と合わせて巡る
お手軽ラウンドコース。

鎌倉古道
鎌倉街道上道
［鎌倉〜七国山〜府中〜所沢〜高崎］
七国山自然を育てる会
東京都多摩環境事務所

七国山で
歴史のロマン
を感じよう!

木々の生命力に圧倒さ
れる6月の七国山。高
低差が少ないのも魅力

↓うっそうとした樹林歩きが楽しめる民権の森

↓民権の森出口。夏草の茂る小道は展望良好

ヤマタイムで
ルートチェック！

| 歩行タイム …… 約1時間50分 | 難易度 ……… 初級 ★☆☆ |
| 歩行距離 …………… 約5.2km | 累積標高差 ……… 約203m |

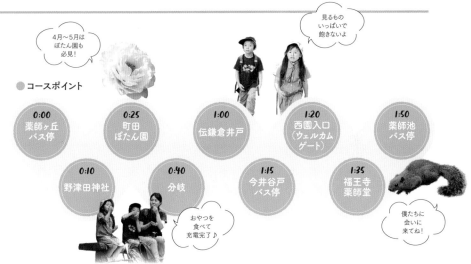

4月〜5月は
ぼたん園も
必見！

見るもの
いっぱいで
飽きないよ

●コースポイント

0:00 薬師ヶ丘バス停
0:25 町田ぼたん園
1:00 伝鎌倉井戸
1:20 西園入口（ウェルカムゲート）
1:50 薬師池バス停

0:10 野津田神社
0:40 分岐
1:15 今井谷戸バス停
1:35 福王寺薬師堂

おやつを
食べて
充電完了♪

僕たちに
会いに
来てね！

かつては相模・甲斐・伊豆・駿河・信濃・上野・下野の7カ国を望めたという七国山。現在山頂には立ち入れないが、山を縦断する鎌倉古道を歩ける。薬師池公園をはじめ周辺の見どころが多く、ファミリーにもおすすめ。

鎌倉街道の碑と木枠が
再現された伝鎌倉井戸

薬師ヶ丘バス停から住宅街を抜け野津田神社へ。境内に民権の森の入り口がある。踏み跡と赤布をたどりながら樹林帯のハイクを楽しもう。民権運動家・石阪昌孝のお墓の先で、眺めのいい小道に突き当たる。下草をかき分け左に進むと町田ぼたん園の横に出る。

そば畑や住宅地を見下ろす気持ちのいい高台を下り、ブロック塀沿いの小道へ。しばし細道を登ると鎌倉古道の手書き看板が現われ、道幅が広がる。平坦な古道歩きは

（左）福王寺薬師堂にお参り　（右）薬師池公園の花菖蒲（6月）

快適で、木々の間からの眺めもいい。新田義貞が鎌倉攻めの際に使ったといわれる伝鎌倉井戸を見たら、分岐を右にとり舗装路に出る。

夏から秋に開園する町田ダリア園を経て鎌倉街道に出たら、2020年オープンの西園に立ち寄ろう。カフェや芝生広場でランチ休憩するのもいい。園内を散策しつつ、薬師堂経由で薬師池公園へ。永井家住宅などの歴史的建造物や、四季折々の花など見どころが多く、休日の園内はいつもにぎわっている。街道の反対側には子どもに人気のリス園もあるので、たっぷり遊んでから帰路につこう。

放し飼いのリスにエサを
あげる、貴重な体験も

77

N
1:7,000
0 ────── 200m

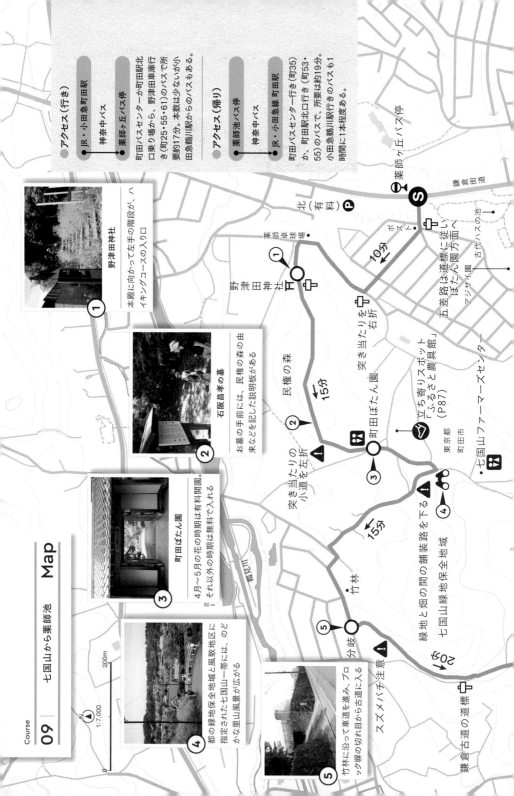

① 野津田神社
本殿に向かって左手の階段が、ハイキングコースの入口

② 石阪昌孝の墓
お墓の手前には、民権の森の由来などを記した説明板がある

③ 町田ぼたん園
4月〜5月の花の時期は有料開園。それ以外の時期は無料で入れる

④ 都の緑地保全地域と風致地区に指定された七国山一帯には、のどかな里山風景が広がる

⑤ 竹林に沿って車道を進みムクロジ群の切れ目から古道に入る

● アクセス（行き）
JR・小田急 町田駅
↓ 神奈中バス
薬師ヶ丘バス停
町田バスセンターか町田駅北口乗り場から、野津田車庫行き（町25・55・61）のバスで所要約17分。本数は少ないが小田急鶴川駅からのバスもある。

● アクセス（帰り）
薬師池バス停
↓ 神奈中バス
JR・小田急 町田駅
町田バスセンター行き（町35）か、町田駅北口行き（町53・55）のバスで、所要は約19分。小田急鶴川駅行きのバスも1時間に1本程度ある。

薬師球場
野津田神社
北（有料）P
ポスト
Ⓢ 薬師ヶ丘バス停
鎌倉街道
古代バスの池へ
五差路は道標に従い（ぼたん園方面へ）
アジサイ園
町田ファーマーズセンター
立ち寄りスポット「ふるさと農具館」（P87）
東京都 町田市
・七国山ファーマーズセンター
① 10分
② 民権の森
15分
突き当たりの小道を左折
突き当たりを右折
③ 町田ぼたん園
④ 15分
緑地と畑の間の舗装路を下る
七国山緑地保全地域
竹林
⑤ 20分
分岐
スズメバチ注意
鎌倉古道の道標
恩田川

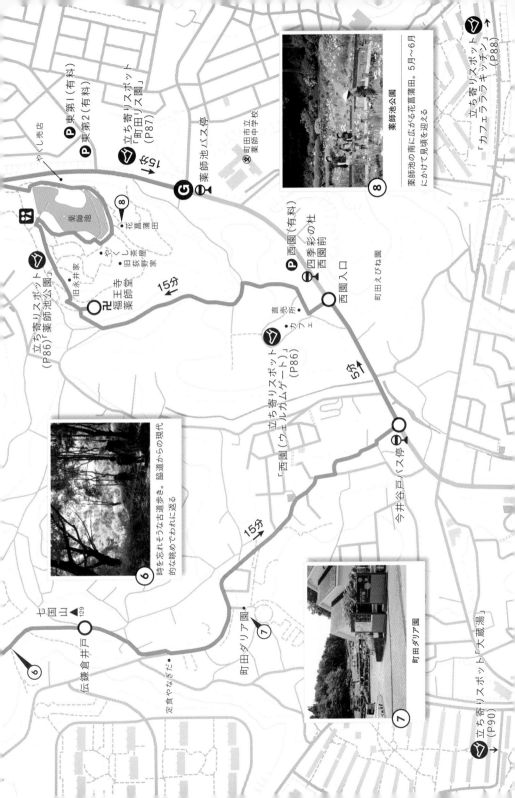

P 東第1（有料）

P 東第2（有料）

立ち寄りスポット「町田リス園」（P87）

やくし売店

薬師池バス停

町田市立薬師ヶ丘中学校

立ち寄りスポット「カフェララランチング」（P88）

薬師池公園

薬師池の南に広がる花菖蒲田。5月〜6月にかけて見頃を迎える

⑧

G 薬師池バス停

薬師池

花菖蒲田

⑧

やくし茶屋

荻野家

旧永井家

福王寺薬師堂

立ち寄りスポット「薬師池公園」（P86）

15分

P 西園（有料）

四季彩の杜西園前

西園入口

町田えびね苑

直売所

カフェ

立ち寄りスポット「西園（ウェルカムゲート）」（P86）

5分

今井谷戸バス停

時を忘れそうな古道歩き。脇道からの現代的な眺めでわれに返る

⑥

15分

立ち寄りスポット「大蔵湯」（P90）

町田ダリア園

⑦

町田ダリア園

⑦

七国山 ▲129

伝鎌倉井戸

定食やなかだ

⑥

10 鶴川から真光寺公園

文化の香り漂う鶴川駅前から、絶景の鶴川台尾根緑地と真光寺公園へ。美術館やカフェ巡りも楽しい。

アケビ発見！
静かな里山で
秋探し♪

南西方向の展望がすば
らしい鶴川台尾根緑地。
天気がよければ丹沢や
富士山上部も見える

↓桐光学園の先で紅葉のトンネルをくぐる

←旧香山園近くの美しい竹林を歩く

→森林浴気分を楽しめる栗木緑地

ヤマタイムで
ルートチェック！

歩行タイム	約1時間20分	難易度	初級 ★☆☆
歩行距離	約4.8km	累積標高差	約195m

高低差が
少ないから
安心！

● コースポイント

- 0:00 鶴川駅北口
- 0:15 能ヶ谷橋
- 0:40 神明神社
- 0:45 栗平駅分岐
- 0:50 車道分岐
- 1:05 真光寺公園分岐
- 1:15 真光寺公園休憩舎
- 1:20 入谷戸バス停

黒川駅周辺
のお店巡りも
楽しいよ

武相荘の
カフェに
寄り道

色づく
柿の実も
趣深い

にぎやかな学生街から閑静な住宅街、そして歴史と自然が残る高台の尾根道へと、街並みの変化をコンパクトに楽しめるのがこのコースの魅力だ。バス通りと並行するので、体力と時間に応じてフレキシブルに歩きたい。

武相荘のレストランと、
茅葺き屋根の母屋

鶴川駅を出たら、旧香山園の横から竹林を抜けて能ヶ谷橋へ。旧白洲邸武相荘は、建造物に加えて展示物や散策路も見応え充分。レストランも人気なので時間をかけて寄り道を。

橋を渡ると、鎌倉街道早ノ道が交錯するエリアだ。小学校の先で左折すると、やがて尾根ルートに合流する。低地ルートを経由してもいいが、やや道順がわかりにくい。

神明神社手前で、道幅が狭まり古道らしくなる。ここで右に曲がると、約5分で柿の古木が見られる。直進すると栗平駅分岐に鶴川台尾根緑地の看板がある。未舗装の尾根道をしばし歩くと、一気に展望が開ける。南西側の街並みと、丹沢や富士山の遠望を楽しもう。車道を横切り桐光学園横の尾根道を進むと、落葉樹に囲まれた栗木緑地に入る。

今も実をつける柿の古木

真光寺公園分岐で階段を下り、公園正門へ。この分岐を直進しても公園上部に出られるが、夏はスズメバチに要注意。丘の上の休憩舎で眺めを満喫したら、入谷戸バス停へ。歩き足りない人は、公園上部から黒川駅までさらに20分ほどトレイルを歩くか、近藤勇らが剣術稽古で通ったという布田道を散策してもいい。

また、黒川駅周辺にはカフェや農産物直売所などもあるので、寄り道して帰ろう。

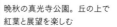

晩秋の真光寺公園。丘の上で
紅葉と展望を楽しむ

ネスティングパーク
黒川

黒川駅南口にあるログハ
ウス風の複合施設。写真
のオリーブオイル専門店
のほか、ハンバーガーシ
ョップやシェアオフィス
が軒を連ねる。ハイク後
の寄り道に◎。
☎0422-30-5800

チェック！

東京都
稲城市

小田急多摩線

栗平駅

⑤ 栗平駅分岐

舗装路が途切れ、生い茂る樹木の
トンネルをくぐると尾根道に入る

卍 常念寺

片平川

⑤ 5分
栗平駅
分岐

⑥ 鶴川台尾根緑地を歩く。木々の
隙間から徐々に景色が見え始める

川崎市麻生区
神奈川県

ビ街ス見ボッ下クろスすを

⑥ 鶴川台
尾根緑地

桐光学園小

車道
分岐

桐光学園中高
⑧

5分

⑦ 車道を横断するので、車に注意

黒川駅
P（有料）

⑦

ネスティング
パーク黒川

青少年
野外活動
センター

スズメバチ注意

あずまや

15分

栗木緑地

鶴川台
中央

⑨ 大きな看板のある真光寺公園分
岐で左折し階段を下りる

真光寺公園分岐

卍 飯守神社

真光寺町

⑧ 桐光学園の横を抜ける尾根道。
秋にはススキが彩りを添える

黒川

黒川

立ち寄りスポット
「オン・ザ・ヒル　コーヒー」
（P88）

ファーマーズマーケット
「セレサモス」

日影

⚠

真光寺公園
休憩舎 P
G⑩ 真光寺公園

入谷戸

10分

⑨

市田道

真光寺
分岐

⑩ 真光寺公園

1：13,000
0　　200m
N

旧香山園（2024年3月現在は整備工事中）

小田急 小田原線

神奈川県
川崎市麻生区

鶴川駅 北口 Ⓢ

竹林 ①

車道に出たら右折 ⚠

能ヶ谷神社

能ヶ谷合戦

能ヶ谷橋

二股を左折 ⚠ ②

柿の古木
（川崎市保存樹林）

平和台北

鶴川第二小

25分

古民家

（鎌倉街道上道）（早ノ道）

③

神明神社 ④

広袴神明保全地区
特別緑地保全地区

鶴川街道

長光寺

コンビニ

15分

鶴川いちょう通り）

コープみらい

ユニクロ

平和台入口

武相荘 Ⓟ

立ち寄りスポット
「武相荘」（P89）

神明神社
天照大神を祭る。神社
横の急階段は展望抜群

④

立ち寄りスポット
「最後に炒める第3の
カレーマウンテン」（P90）

国士舘大

東京都
町田市

① 旧香山園の西側を進む
と、竹林の道がある

② 小学校に沿って一気に高台に登る

③ 神明神社手前で雑木の茂る細道
へと入る

● アクセス（帰り）

入谷戸バス停　神奈中バス

小田急線 黒川駅

若葉台駅か調布駅南口行き（鶴21・22）
のバスで黒川バス停まで約4分。鶴川駅
に戻る場合、上記系統の鶴川駅行きの
ほか、真光寺公園バス停から鶴26（鶴
川街道経由）のバスに乗ることもできる。

● アクセス（行き）

小田急線 鶴川駅

鶴川駅から40分ほどは基本的
に住宅街の車道を歩く。体力
に自信がなければ前半をバス
でショートカットし、平和台北
バス停から歩き始めるのでもいい。

Recommended Cafe & Restaurant & Shop in Machida

町田周辺のおすすめ
レジャー施設&
レストラン&ショップ

自然あふれる
町田の魅力を
ご紹介!

町田の見どころは繁華街だけにあらず。コース沿いに点在する
おいしいお店や文化施設に立ち寄って、ディープな町田をご賞味あれ!

小野路

ランチにビーフシチューがあれば迷わず選びたい(2600円)

(左)席間が広く快適な店内 (右)裏の畑で育てた野菜が絶品

小野路の野菜とフレンチの技が
光る、ちょっと贅沢な創作洋食

手間暇かけた
煮込み料理が
自慢です!

ラシェット
L'assiette

里山にひっそりと立つ一軒家レストラン。採れ
たての無農薬野菜をふんだんに使い、一皿一皿
にこだわりと季節が感じられる。無水調理の薬
膳カレーや、濃厚な和牛のビーフシチューが人
気。特に日替わりのランチ(平日・土曜のみ)は
サラダやスープ、ドリンクなどが付いて1600
円〜とコスパ抜群。平日でも予約して訪れたい。

町田市小野路町2193-4 ☎042-814-8924

暖かい季節は緑に囲まれたテラス席も人気

小沢シェフの気さくな人柄も魅力

おやつに里山まんじゅうはいかが？

軒先が張り出した、桔木構造の母屋

旅籠の雰囲気に浸りつつ
小野路名物に舌鼓

小野路宿
里山交流館

江戸時代に大山詣りの人々でにぎわった小野路宿の歴史を伝える施設。無料休憩所としても使える。かつて宿場町にあった旅籠のひとつ、旧「角屋」を改修した建物は風情たっぷり。展示ギャラリーになっている土蔵や、長屋門、味噌蔵なども必見だ。ガイドウォークなどの体験教室（要事前申込）も定期的に開催されている。

町田市小野路町888-1
☎ 042-860-4835

農産物や工芸品の販売コーナーも

交流スペースは食事処としても利用可

チェック！

小野路うどん

里山交流館の名物といえば、小野路産の地粉を使った小野路うどんだ。里山コロッケやお弁当も家庭的で美味しい。提供は11時〜13時30分（L.O.）

揚げたての里山コロッケは手作りの味◎

小野路うどん600円

太古の暮らしに想いを馳せる
コース沿いの学びスポット

町田市考古資料室

縄文時代の土器や土偶がいっぱい！

町田市では約900カ所の遺跡が確認されている。考古資料室には、縄文時代の「中空土偶頭部」をはじめ、貴重な出土品を展示。ハイキングコース沿いに点在する遺跡について調べるのもおもしろい。開室は一部の土日・祝日のみ。

町田市下小山田町4016
☎ 042-797-9661（開室日のみ）

↓土器や石器、装身具などを展示

シンプルで広々とした大浴場

尾根緑道から歩いて行けちゃう
町田の新たな温浴施設

町田桜の湯

サウナの後は水風呂＆外気浴も楽しめる♪

町田市立室内プールに併設される形で、2022年にオープンした温浴施設。ジェット風呂や炭酸泉、サウナなどが利用できて、料金は大人700円。売店や休憩室があるので、湯上がりの一杯も楽しめる。

町田市図師町199-1　☎ 042-792-7761

四季の花々＆
歴史＆食を楽しむ　**町田薬師池公園**　四季彩の杜
町田の総合公園

11月〜12月にかけては池畔の紅葉が見頃となる

国の重要文化財に指定されている旧永井家住宅

薬師池公園

「新東京百景」や「日本の歴史公園100選」にも選ばれた名勝地。安土桃山時代に開拓されたという薬師池のほとりを散策しつつ、ウメやサクラ、ハナショウブなど四季の花を観賞できる。園内に移築された旧永井家住宅も必見。

町田市野津田町3270
町田市公園緑地課　☎042-724-4399（平日のみ）

やくし茶屋で甘味はいかが？

薬師BBQ（4月〜11月）

地場産品がそろう直売所

園内は丘陵地だが、バリアフリーの散策路がある

西園（ウェルカムゲート）

2020年に開園した新エリア。園内には直売所やカフェ、ライブラリー・ラウンジ、ラボ・体験工房などが立ち並び、上部には芝生広場や農園、果樹園が広がる。毎月第3土日に開催されるファーマーズマーケットが人気。展望広場では、手ぶらでバーベキューも楽しめる（要予約）。

町田市本町田3105　☎042-851-8942

チェック！

大きな窓から西園を見渡す
おしゃれで開放的なカフェ

西園の
看板メニュー
薬師ソフト

ダブルフォーアパートメント
44APARTMENT
薬師池店

町田の食材を生かしたこだわりのフードメニューが魅力のカフェ。芝生広場で食べられるピクニックバスケットも人気。モーニングやディナーメニューも充実している。週末は行列するので、散策前に順番予約するのが吉。

本町田3105（西園内）
☎042-860-6956

海外リゾート気分でくつろげる店内

町田産野菜を
トッピングした
薬師カレー

薬師クラシックバーガー1298円

四季彩の杜は、薬師池公園や西園、ぼたん園、えびね園、ダリア園、リス園など、七国山の麓に点在する複数の施設から成る。全体で東京ドーム3つほどの広さを持ち、各施設間はやや距離がある。開園日や料金は施設ごとに異なるので、ホームページなどで事前に確認してから出かけよう。

町田リス園

約200匹のタイワンリスが放し飼いにされている。巣箱や登り木の間を散策し、ヒマワリの種（有料）をあげよう。ウサギやモルモットとのふれあいイベント（曜日限定）や閉園前の「モルモットの大行進」も人気。

町田市薬師台1-733-1　☎042-734-1001

↓昔ながらの稲作や麦作について知ろう

稲作と農具コーナー

↓搾りたてのなたね油

←手袋を借りてエサやりに挑戦！

↑広大な放し飼い広場

モルモットもいるよ！

ふるさと農具館

町田の農業について学べる施設。大正〜昭和時代に、町田の農家で実際に使われていた道具を展示する。月に一度、実際に油を搾る様子を実演。直売所では、七国山で採れた野菜やそば（時期による）を購入できる。

町田市野津田町2288　☎042-736-8380

搾った油は毎月50本の限定販売！

チェック！

小野路・小山田・七国山の花と実りで四季を感じよう！

町田歳時記

4月〜5月　**ボタン**

開花期のみ有料開園する町田ぼたん園では、約1700株のボタンが観賞できる。

7月〜8月　**大賀ハス**

薬師池公園にある約3000㎡のハス田は、例年7月下旬〜8月上旬に見頃を迎える。

7月〜8月　**ブルーベリー**

実は町田は日本でも有数のブルーベリー産地。摘み取り体験できる農園も点在している。写真の小山田ブルーベリー園は、小山田緑地のすぐ隣。
☎090-1609-8105（期間中のみ）

9月　**ソバ**

七国山ファーマーズセンターの周辺に広がるソバ畑。秋には白い花を一斉に咲かせる。

10月〜11月　**しいたけ**

原木しいたけも町田の名産品のひとつ。写真は七国山で栽培された「七国しいたけ」。P91で紹介するお土産品「心和」で購入できる。

まちだ育成会　こころみ
☎042-791-3388

11月〜3月　**わらぼっち**

昔ながらの田園風景が守られている奈良ばい谷戸では、冬の風物詩・わらぼっちが見られる。

町田野菜が
たっぷりの
スープ♪

やさしい甘さの
シフォンケーキ

燻製しいたけの
オイル漬けも◎

（右）人気のラクレットチーズ1595円
（下）濃厚でとろけるプリンは絶品！

野津田

野菜が好きなら
きっとご満足
いただけます！

町田の野菜と卵を味わう
地産地消の洋食レストラン

カフェラララキッチン
cafe LaLaLa kitchen

薬師池公園からも歩ける、地元で人気の洋食店。町田産の新鮮な卵と野菜を使い丁寧に作る料理は、滋味深くやさしい味わい。カレーやオムライス、パスタから、煮込みやローストなどのメイン料理、自家製デザートまで、豊富なメニューが昼から楽しめる。ファミリーにもおすすめ！

町田市金井2-7-5 アルカディアスクエア 1F
☎ 042-708-9993

ハイジの家をイメージした店内は子ども連れにも好評

（左）店内には野鳥のチョークアート（右）カフェラテ680円

大きな窓のある店内から、庭の緑を眺める

小鳥のさえずりが楽しめる
丘の上の隠れ家カフェ

黒川

オン・ザ・ヒル コーヒー
ON THE HILL COFFEE

黒川駅から徒歩8分の小高い丘にあり、落ち着いてスペシャルティコーヒーが飲めるカフェ。緑豊かな庭には野鳥が遊びに来る。自家製の焼き菓子も美味。静けさを守るため、4名以上の団体やお子様連れ、商談目的での利用はNGだ。

野鳥のモチーフが
かわいい

川崎市麻生区黒川136
☎ 044-987-6103

（左）テラス席が一番人気 （右）深煎りの黒川ブレンド580円

茅葺き屋根のミュージアムで
白洲家の暮らしを垣間見る

旧白洲邸 武相荘
（ぶ あい そう）

戦後に吉田茂の側近として活躍した実業家の白洲次郎は、随筆家の妻正子と共に、鶴川の「武相荘」と名づけた古民家で暮らした。現在、茅葺き屋根の母屋はミュージアムとして公開され、内部を見学できる。敷地内にはレストランやショップ、散策路などもあり、見応え充分。

町田市能ヶ谷7-3-2 ☎042-735-5732

次郎が植えたツツジがお出迎え（4月）

←ミュージアムエリアは入場料1100円

本に囲まれた正子の書斎

季節ごとに変わる展示も魅力

裏山（鈴鹿峠）を散策

チェック！

邸内のレストランで
白洲家ゆかりの料理を

Restaurant & Cafe 武相荘

白洲家に伝わる
シンガポールカレー

ミュージアムに併設された、本格的な食事が楽しめるレストラン。白洲家の食堂だったというシックな店内からは、庭の草木が眺められる。混雑するので時間に余裕をもって訪れよう。ディナータイムは完全予約制。

☎042-708-8633

デザートセットも人気

次郎の親子丼1700円

（上）趣あるレストラン（下）レトロな調度品も必見

鶴川

注文を受けてから炒める
唯一無二のスパイスカレー

最後に炒める第3のカレー
マウンテン

こだわりが詰まった
ごちそうカレーを
召し上がれ♪

スパイス好きがハマるカレー専門店。約30種の
スパイスを使い5日間かけて仕込んだグルテン
フリーのルーが自慢。奥深い香りと旨味はやみ
つき至上。一番人気は濃厚海老みそブラックチ
キンカリー（ランチセット1790円）。注文後に
炒めて仕上げるので、待ち時間は覚悟しよう。

町田市広袴3-1-16　☎042-719-0947

（左）鶴川街道沿いの店舗　（右）明るく落ち着ける店内

木曽

温故知新なデザイナーズ銭湯で
素朴で良質なお風呂を楽しむ

青空にそびえる
煙突が目印！

大蔵湯

昭和41年創業の老舗銭湯。良質な井水を軟水化、
かけ流しにするなど、湯の質にこだわっている。
平成28年に一新した内装はレトロモダンで、ゴ
ザ敷きの脱衣所や松本民芸家具の椅子が郷愁を
誘う。自然光の入る木造の浴場で、総ひのきの
湯船に浸かれば、温泉街の外湯に来たような気
分が味わえる。14時〜23時、金曜定休。

町田市木曽町522　☎042-723-5664

富士山のタイル絵（原画：横山大観）が圧巻

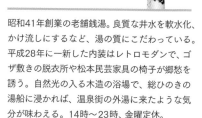

ノスタルジックな内装やアイテムにも注目

津市名産の
おぼろタオルは
お土産にも◎

受付に座る2代目は、とても気さくで話好き

 チェック！

町田駅前

町田の名物がコンパクトに並ぶ店内

すきま時間でお土産をゲット！

心和
ここわ

小田急町田駅西口の階段下にある、小さなお土産ショップ。「まちだ名産品」をはじめ、お土産に最適な地場産品を気軽に購入できる。

町田市原町田6-12-20

☎042-723-8130

お土産も買える観光案内所

町田ツーリストギャラリー

町田駅前

市内の名産品がそろうショップを併設

町田駅徒歩約5分の観光案内所で、ハイキングコースや飲食店、イベントの情報をチェック。まちだフットパスガイドマップも販売中。

町田市原町田4-10-20 ぽっぽ町田1F

☎042-850-9311

町田駅前

近郊低山向けのシューズも充実◎

駅近で登山用品が一通りそろう

好日山荘 町田店

小田急町田駅から徒歩約1分。広くはないが、登山経験のある店員さんがいて、靴やバックパック、ウェア、食料品などが一通りそろう。

町田市原町田6-9-19 コビルナ町田2F

☎042-739-7017

町田のスポーツ用品店といえばココ

エルブレス 町田東急ツインズ店

町田駅前

店内は広く、品揃えも幅広い

登山やキャンプ用品がそろうアウトドアショップ。JR町田駅直結で気軽に立ち寄れる。スポーツ用品全般を扱うヴィクトリアも併設。

町田市原町田6-4-1 町田東急ツインズWEST 1F・2F

☎042-710-8790

南町田

クライミングやカヤック体験も人気

ハイク帰りにショッピングへ！

グランベリーパーク

駅直結のアウトレット複合商業施設。コロンビアやザ・ノース・フェイスなど、アウトドアショップも豊富。なかでもモンベルは関東最大の敷地面積を誇り、アウトレットコーナーで掘り出し物が見つかることも！

町田市鶴間3-4-1 ☎042-788-0109

ハイキングの途中や
お土産店で買いたい逸品

まちだ名産品

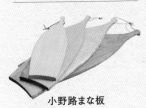

町田金井 獅子舞かすてら

しっとり素朴なカステラ。表面の焼き印は、江戸時代から続く「金井の獅子舞」がモチーフ。半斤1080円〜。

● パティスリーフォルミダーブル
町田市野津田町2543-5
☎042-737-1332

小野路まな板

小野路の工房で手作りされたカッティングボード。小3500円〜。洗練されたデザインでプレート使いにも◎。

● 家具工房 KASHO
町田市小野路町2284-1
☎080-5530-3947

町田のはちみつ

小山田で採蜜された純粋はちみつ。混ぜ物や熱処理をしない生搾りなので、風味が生きている。小1400円〜。

● 小川ファーム
町田市下小山田1168
☎042-719-5486

寄り道スポットが
いっぱい！

初心者もファミリーもOK！
低山＆丘陵ハイクの楽しみ方

（左）高尾山にて。無理に山頂へ行かなくても楽しめる　（中）探検気分で、木に巻かれた赤テープをたどる
（右）ハイク帰りに友井ブルーベリーガーデンへ。おやつをご褒美にすると子どものやる気が大幅アップ

山や自然を楽しみたいけれど、本格登山は敷居が高い。そんな人におすすめなのが、近場の低山や丘陵ハイクだ。わざわざ遠くに行かなくても、裏山や住宅街の中に、お散歩感覚で歩けるハイキングコースがきっと見つかるはず。ここでは、初心者やファミリーがハイキングを楽しむコツを紹介する。

1 装備は何が必要？

本書で紹介しているコースは、いちばん高い草戸山でも標高364m。気象条件は平地とほぼ変わらないが、汗冷えを防ぐ速乾性のウェアと、急な雨に備えてレインウェアは用意したい。暑い時期は、熱中症対策も忘れずに。靴は履き慣れたスニーカーでもOK。未舗装路や木道は雨上がりに滑りやすいので、軽いハイキングシューズがあるとなおよい。売店や自販機がない場合があるので、水（夏は最低1ℓ）と簡単な食べ物を持参しよう。

2 プランニングのコツ

本書で紹介したコースは危険箇所が少なく、登山未経験でも安心して歩ける。ただし、低山には脇道が多いので、道標をよく確かめ、地図アプリやヤマタイムなどの活用を。

子ども連れの場合はコースタイムの倍以上かかることもあるので、なるべく朝早めに出発しよう。コース踏破にこだわる必要はないので、バス停を調べておき、体力に応じてショートカットや途中リタイアしてもOK。

3 子連れハイクのアドバイス

子ども連れの場合、なるべく近場で行動時間の短いコースから挑戦しよう。子どもが飽きないよう、こまめにおやつ休憩をとり、地図で一緒に道を探すなど、やる気を保つ工夫が大切だ。自然観察や体験施設への立ち寄りを予定に組み込むのもおすすめ。無理せず、楽しく、安全に、ハイキングを楽しもう！

小山田緑地内の遊歩道。トイレやおむつ替え台、授乳室がそろう公園なら、乳幼児連れでも安心だ

11月の奈良ばい谷戸で秋探し。虫や野鳥、花など、季節を感じるものがいっぱい

八王子市 青梅市

世界トップレベルの登山者数を誇る高尾山を
擁する八王子市、登山初心者も手軽に楽しめる
周遊コースが多い青梅市。
都心からのアクセスがよく、豊かな生態系に
歴史、民間伝承文化が確かに息づく山々で
時空を超えるような半日旅が楽しめる。

南高尾山稜にあり、東京都町田市の最高峰の草戸山山頂へ（P96）

11 │ 高尾駅から草戸山

高尾山の南側に位置する草戸山。山頂からの
丹沢の山並みや城山湖の眺めも美しく、
静かに山旅を満喫できるコースだ。

四辻手前の首都展望台
なるスポット。八王子
市街からスカイツリー
まで眺められる

ヤマタイムで
ルートチェック！

歩行タイム …… 約3時間45分	難易度 ……… 上級 ★★★
歩行距離 …………… 約8.3km	累積標高差 ……… 約760m

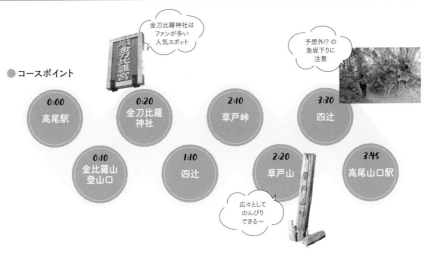

金刀比羅神社は
ファンが多い
人気スポット

予想外!? の
急坂下りに
注意

● コースポイント

0:00 高尾駅

0:20 金刀比羅神社

2:10 草戸峠

3:30 四辻

0:10 金比羅山登山口

1:10 四辻

2:20 草戸山

3:45 高尾山口駅

広々として
のんびり
できる〜

東京都八王子市、町田市、神奈川県相模原市の3市の境界線上に位置する草戸山は、町田市の最高峰（364m）。南高尾山稜のコース上にあり、関東ふれあいの道の東京都のコースの起点となる。混雑する高尾山に比べて静かなハイキングを楽しむことができる。

金比羅山登山口から
細い急な登りでスタート

高尾駅北口から10分ほど歩き、初沢北公園のすぐ脇にある金比羅山登山口へ入る。ほどなくして浅川金刀比羅神社（あさかわことひら）に到着。神社を下りて人家の裏山沿いを行き、アップダウンが頻繁に出てくる細道を行くと、稜線の左側斜面から八王子の街並みが望める通称"首都展望台"に出る。草戸峠以外でコース途中の眺望スポットはここだけとなるので、しばし堪能。高尾山口駅方面から合流する四辻を過ぎ、

緩やかな稜線を快適に歩く。

送電線鉄塔や廃鉄塔を過ぎ、高尾の住宅街へと出る拓殖大西尾根コース分岐を草戸峠・三沢峠方面へ。拓殖大学の敷地沿いに張られた有刺鉄線沿いを行くと、大きな境界木であるモミノキが立つ梅ノ木平分岐。ここから150mほどで草戸峠に到着。丸太のベンチで水分補給しながら、高尾山を正面に小さく高尾山薬王院も眺めることができる。

いったん下り、静かな尾根道を進んだ後、最後の登りを経て草戸山に到着。ベンチも多いので好みの場所で眺望を楽しみながら昼休憩を。往路を戻り、3本に分岐する四辻を左方向（甲州街道 高尾山口駅方面）へ下ると、高尾山参道口近くに出てゴールとなる。

草戸山山頂の大山祇
神を祀る山ノ神

登山の高揚感と
山頂の開放感に
満たされる！

四辻と草戸峠の中間付近の
ピークに唯一のベンチ

ゆっくりと標高を上げ
ていく。登山者が少な
く、落ち着いた縦走を
楽しむことができる

草戸峠から北西側が開
け、手前の稲荷山のあ
る尾根、そして奥の高
尾山が見渡せる

標高（364m）にちなみ「1年山」の愛称で親しまれる草戸山頂上

距離は短いものの木の根やコブが目立つアップダウンが頻繁にあり、歩きごたえもある

① 金比羅山登山口
うっかり通り過ぎてしまうほど目立たない。フェンスで囲まれた初沢公園が目印

② わりと急坂から始まり、フェンス沿いに歩くと金刀比羅神社に到着

③ 住宅地の裏道を行く

●アクセス(行き)

JR・京王線 高尾駅 → 金比羅山登山口（徒歩）

JR・京王線高尾駅下車。南口からバスターミナルに出たら右折。市道沿いに歩くと左手に浅川小学校があるので、さらに進んだ丁字路を右折。初沢公園すぐ脇の金比羅山登山口に到着。

●アクセス(帰り)

下山口 → 京王線高尾山口駅（徒歩）

四辻から住宅街の細い下山口を出たら標識があるので「高尾山口駅」方面へ。割烹橋本屋と峯尾商店の間の甲州街道沿いの信号「高尾山入口」を右折し、5分足らずで京王線高尾山口駅に着く。

④ 四辻

高尾山口駅からの合流地点。ここからアップダウンが頻繁に続き、歩き応えがある

⑥ 草戸峠

大きなモミの木の下にあるベンチでひと休み。高尾山の眺望も抜群

⑤

斜度のきついついた坂にはロープがかかり心強い。根も張り出しているので注意してでろう

⑦ 草戸山山頂

松見平休憩場は広く過ごしやすい。八王子市街、相模原市の街並みも望める

東京都 町田市

権現平 △272

△343

草戸峠

Nature Factory 東京町田

神奈川県 相模原市緑区

城山湖

草戸山 364

高尾グリーンセンター

館ヶ丘団地バス停

高尾山IC

圏央道

浅川

梅の木橋

入沢川

60分 ／ 10分

1:14,000

0 200m

12 | 八王子城跡

山里からコースに入り、日本100名城の
八王子城を巡る。山中の遺構、忠実に再現された
御主殿跡など歴史情緒も極上だ。

← 頂上の標石の先に見えてくる八王子神社

柵門跡から上り高丸を過
ぎると、眺望が広がる

↓御主殿跡からの曳橋の眺めに城のスケールを実感

↓建物の間取りがうかがい知れる御主殿跡

ヤマタイムで
ルートチェック！

| 歩行タイム …… 約2時間35分 | 難易度 ……… 初級 ★☆☆ |
| 歩行距離 ………… 約5.5km | 累積標高差 ……… 約460m |

● コースポイント

0:00 松竹バス停 — 山里の風情を感じながらスタート

0:10 滝の沢林道分岐

1:00 柵門跡

1:20 八王子城本丸跡 — 頂上の本丸跡はもう目の前！

1:55 八王子城跡管理棟

2:05 御主殿跡 — 御主殿へ続く大手通を散策

2:35 霊園前バス停

小田原北条氏最大の支城である八王子城。本丸跡がある深沢山は標高460m。高尾駅北口から西東京バス「大久保行」、「大久保・陣馬高原下行」で松竹バス停下車。4月には、その先の浄福寺のシダレザクラが見頃を迎えるので大久保バス停まで行くのもいい。

陣馬街道から松竹橋を渡り、民家が途切れる分岐を左へ。植林地を進み、青龍寺滝への分岐を左に行く。尾根に出るまでは登りが続き、本丸への道の尾根上の柵門跡から九合目となる高丸を過ぎたあたりで、八王子市街から都心までを見渡すことができる。

山頂部に本丸跡、その直下に八王子神社。南側の斜面には梅林が広がり、サクラやツツジも見所の金子曲輪で季節を満喫し

植林地を抜けて杉林を登っていく

ながら管理棟まで下る。そこから谷方面に10分ほど歩くと御主殿跡に到着。御主殿へ通じる虎口の石垣や石敷きの通路、建物の礎石が忠実に再現され、冠木門、御主殿曲輪につながる曳橋とともに往時の城の迫力を感じることができる。その脇を流れる城山川にある御主殿の滝もぜひ見ておきたい。八王子城跡ガイダンス施設には城の落成時の立体模型などが展示されており、八王子城の歴史を学んだり、日本100名城スタンプもお楽しみだ。その先、疲れた足には応えるものの、急な100段超えの階段を経てたどり着く日本遺産の北条氏照及び家臣墓も見所。帰路は15分ほど歩いて美山通りまで出て、中央道高架下の霊園前・八王子城跡入口バス停をめざそう。

地形を利用して敵の侵入を防ぐ金子曲輪

八王子神社直前からの眺め。都心まで見渡せる

松竹バス停 ①
S

北浅川

① 陣馬街道から松竹橋を渡る。

②

10分 ↓

松嶽稲荷神社 ⛩

② 途中に施設やトイレがないので、回り道になるが松竹農村公園の公衆トイレを利用しよう

③ 民家が途切れると滝の沢林道との分岐が出てくるので、左の道へ

滝沢川

滝の沢橋

滝の沢林道分岐 ③

↓50分

東京都
八王子市

八王子城跡 ①
八王子城跡ガイダンス施設

管理事務所

④ 尾根を下って上ると八合目に到着。本丸へ続く道に築かれた柵門跡

⑤ **八王子神社**

八王子城本丸跡の真下にあり八王子権現を城の守護神として祀っている

柵門跡
15分
④
高丸(九合目)●
10分

20分 →
観音堂 卍

⑦

10分

八王子神社 ⛩
⑤
八王子城跡

本丸跡
▲ ⑥
深沢山
5分

御主殿跡
⑧
御主殿の滝
⑨

⑥ **八王子城本丸跡**

城の中心であり最重要の曲輪

富士見台

1:13,000
0   200m

⑦
八王子城管理棟へと下る

⑨
御主殿の滝
八王子城落城時の死者を供養
する碑もある

⑧
御主殿跡
八王子城主・北条氏照の居館があった場
所。本物の遺構は埋められ、盛土をした真
上に遺構が忠実に再現されている

八王子霊園

⑩
北条氏照及び家臣墓

南多摩霊園

宗関寺 卍

閑窓寺 卍

20分
→

城山川

中央自動車道

G 霊園前バス停

● **アクセス（行き）**

● JR・京王高尾駅

｜ 西東京バス

● 松竹バス停

JR・京王高尾線高尾駅下車。北
口番バスのりばから西東京バス
大久保行もしくは大久保・陣馬
高原下行で松竹バス停下車。

● **アクセス（帰り）**

● 霊園前・八王子城跡入口バス停

｜ 西東京バス

● JR・京王高尾駅

八王子城跡ガイダンス施設そば
の八王子城跡バス停から高尾駅
への運行は土日のみ。平日は大
手通りを20分ほど歩いて中央
道高架下の霊園前・八王子城跡
入口バス停を利用。

13 | 昭島から滝山丘陵へ

多摩川と秋川の合流点の南側に連なる
標高160mほどの滝山丘陵（加住丘陵）。国史跡である
滝山城の遺構を散策し、東京随一の田園地帯へ。

← 桝形虎口が見所の本丸
跡。小高い上段に□
社がある

↓本丸と中の丸を結ぶ曳橋と大堀切

← 歩きやすい尾根道。広葉樹林を抜けると、スギの植生林に

↓中の丸北端からの拝島、昭島市方面の眺め

ヤマタイムで
ルートチェック!

| 歩行タイム …… 約2時間40分 | 難易度 ……… 初級 ★☆☆ |
| 歩行距離 …………… 約10km | 累積標高差 ……… 約200m |

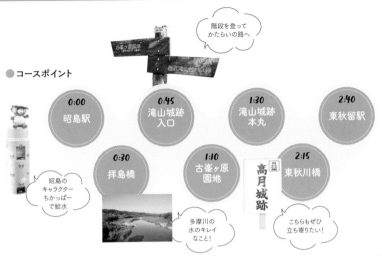

階段を登って
かたらいの路へ

●コースポイント

0:00 昭島駅

0:45 滝山城跡入口

1:30 滝山城跡本丸

2:40 東秋留駅

0:30 拝島橋

1:10 古峯ヶ原園地

高月城跡

2:15 東秋川橋

昭島の
キャラクター
ちかっぱー
で給水

多摩川の
水のキレイ
なこと!

こちらもぜひ
立ち寄りたい!

戦国時代に最大規模を誇った滝山城。本丸跡のみならず、土塁や曲輪、石垣跡といった遺構が良好な状態で残っている歴史ファンにとって感慨深いコースだ。JR昭島駅から大師通りに出て拝島橋をめざす。途中には拝島大師はじめ多くの古社寺があるので、余裕があれば立ち寄るのもいいだろう。

拝島橋を渡り、銀杏並木を行くと八王子車検場入口交差点のそばの滝山丘陵ハイキングコース入口に到着。「かたらいの路 滝山コース」看板横の階段からスタート。スギの植林地をいき、古峯ヶ原園地付近を抜けてソメイヨシノやヤマザクラといった桜並木が続く。

城主の親族筋など家臣たちが住んだ屋敷跡

五千本桜で有名な都内有数の名所であり、ゴールデンウィークにはヤマツツジも見どころ。

先へ進むと、滝山城の中心である中の丸に到着。整備された広場になっていて、トイレもある。多摩川沿いの崖に面し、昭島市街や狭山丘陵などが望めるスポットだ。曳橋を渡り、滝山城の本丸へ。本丸上段に祀られている霞神社の裏手からも多摩川と秋川の合流点付近や奥多摩の山並みを眺めることができる。

本丸跡に残る井戸。籠城時に水を確保したという

曳橋の下をくぐり石畳の急坂を下っていく。滑りやすいので注意。東京一の面積といわれている高月町の田園地帯へと出て、苗植え前の代田、頭を垂れる稲穂といった八王子の米どころの四季折々の景色を楽しみながら都道166号沿いを行く。滝山城の支城である高月城跡に立ち寄るのもいいだろう。東秋川橋を渡って都道7号・陸橋通りに出たら左折し、右手にコンビニエンスストアが見えたら右折すると、ゴールの東秋留駅は近い。

五日市街道

東秋留駅

G

五日市線

25分

•西秋留石器時代住居跡

⑩
高月城跡

滝山城の支城である高月城には曲輪や堀切、土塁などの遺構が残っている。都道166号沿い「ホテル高月城」の看板が目印

東秋川橋 ○

秋川

円通寺 卍

⑩ → 高月城跡•

45分

滝山城址下バス停

滝山街道

新滝山街道

⑧
霞神社

⑦
本丸

滝山城跡を示す石碑や霞神社がある広場

●**アクセス（行き）**

● JR昭島駅

徒歩

● 滝山丘陵ハイキングコース入口

JR昭島駅下車。南口を出て江戸街道を右折、昭和会館北交差点を左折し大師通りへ。栗の沢、新奥多摩街道を越え国道16号沿いを行き、拝島橋を渡る。八王子車検場入口を過ぎ、滝山丘陵ハイキングコース入口に到着。

●**アクセス（帰り）**

● 東秋川橋

徒歩

● JR東秋留駅

都道166号・東秋川橋を渡り、都道7号・陸橋通りに出たら左折。右手にコンビニエンスストアが見えたら右折し、東秋留駅でゴール。

⑥
中の丸

本丸の次に重要な曲輪。北端から多摩川と秋川の合流点付近、対岸に昭島市、奥多摩の山並みを見渡せる

熊川駅

東京都
立川市

N

1:24,000

0 500m

五日市街道

拝島駅

東京都
福生市

立ち寄りスポット
「拝島」
(P124)

昭島駅
S

⑨ 通称「高月ツリー」なる独立樹もビューポイント。長閑な田園風景が広がる

① JR昭島駅南口を出て大師通りを行く。真正面に富士山を眺めることができる

① 30分

東京都
昭島市

●昭島市役所

⑨

多摩川

啓明学園中・高

─霞神社

⑥

中の丸

滝山城跡

④ 古峯ヶ原(こぶがはら)園地方面への道標がある階段を上る

拝島橋

② 拝島橋

八高線

拝島橋

⑧ ⑦ 20分

古峯ヶ原園地

⑤

171

卍少林寺

滝山丘陵

滝山街道

② 15分

③ 国道沿いに「滝山城跡入口」の看板があり、ハイキングコース入口へ

25分

③ 滝山城跡入口

④

16

411 滝山街道

●道の駅八王子滝山

新滝山街道

⑤ 古峯ヶ原園地

14 | 長淵丘陵

青梅市と日の出町の境に位置し、東西に弧を描くようにある長淵丘陵。
歩きやすいコースで、天狗岩や赤ぼっこからの絶景も楽しめる。
青梅駅周辺には新旧の立ち寄りスポットも多い。

←赤ぼっこの象徴である、一本檜

赤ぼっこからの眺望は
遮るものがなく格別

↓MTBトレイルライダーにも人気のコース

↓露岩帯を越えると、秘境めいた展望スポットの天狗岩が

←岩肌を覆う木の根に注意して進む

ヤマタイムで
ルートチェック！

歩行タイム	約4時間30分	難易度	中級 ★★☆
歩行距離	約9km	累積標高差	約550m

● コースポイント

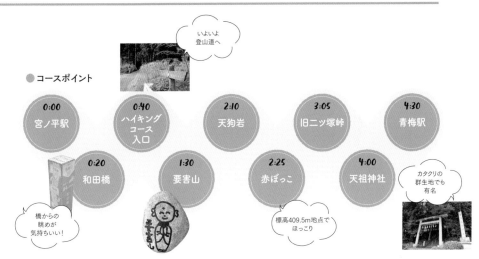

いよいよ
登山道へ

| 0:00 宮ノ平駅 | 0:40 ハイキングコース入口 | 2:10 天狗岩 | 3:05 旧二ツ塚峠 | 4:30 青梅駅 |

| 0:20 和田橋 | 1:30 要害山 | 2:25 赤ぼっこ | 4:00 天祖神社 |

カタクリの
群生地でも
有名

橋からの
眺めが
気持ちいい！

標高409.5m地点で
ほっこり

谷底である杉林は
空気も澄んで静か

JR宮ノ平駅から奥多摩方面へ青梅街道を道なりに進んで「和田橋北」信号を左折して多摩川にかかる和田橋へ。そこから吉野街道へ出たら右折。「梅ケ谷入口」を左に入ると、左手に「天狗岩自然歩道入口」の道標が出てくる。石垣や竹林に囲まれた坂道を進み、民家が出てきたら左側へ行くと細い登山道に入る。要害山や天狗岩までは急峻なアップダウンや露岩帯があり、けっこう足を使う。

天狗岩では大岳山をはじめとする山々と梅郷が一望できる。そこから分岐に戻ると、赤ぼっこはすぐ。赤ぼっこからは奥多摩はもちろん、都心方面まで見渡せ、ベンチもあるので弁当やおやつタイムをゆったり過ごそう。

赤ぼっこの分岐へ戻り、

下っていく。日の出町分岐で廃棄物処分場のフェンスが出てきたら、左に折れて進む。フェンス沿いの平坦な道を行き、馬頭観音の道標が出てきたらまもなく馬引沢峠。

馬引沢峠から丘陵沿いを進むと、T字路のようにして旧二ツ塚峠へあたる。吉野街道方面へ進むうち、悩ましい角度の道標表示もあるので少し注意。長淵8丁目への分岐が出てきたら天祖神社方面を行くと墓地公園が下に見えてくる。いったん舗道に出て、10mほど先の左側にある登山道へ。あずまやを過ぎ、左にカタクリの群生地を目にしながら下って行くと天祖神社に出る。鳥居をくぐり秋川街道を左に行き、吉野街道、多摩川と渡って旧青梅街道へ出て青梅駅でゴールとなる。

赤ぼっこの名物!?
トトロのポスト

赤ぼっこへ進むにつれ、
視界が開けていく

111

途中に施設やトイレが
ないので、宮ノ平駅の
トイレで済ませておこう

苔むす石垣や土蔵、竹林に囲まれた坂道を上って行く

ハイキングコース入口

② 20分

③ 30分

舗装道を抜けて民家が見えたら、左へ進む。ここからが登山道

① 和田橋

多摩川の下流方向に見える一本檜が、目的地でもある赤ぼっこ

④ 愛宕山分岐
▲388

20分

④ 愛宕山分岐

T字路で道標が出てきたら天狗岩方面へ

⑤ 要害山
414

⑥ 天狗岩

10分↑↓15分

天狗岩分岐

⑦ 赤ぼっこ

奥多摩や武蔵野一帯が眺められる

⑦ 赤ぼっこ
410

15分

馬引沢峠

⑧ 20分

長淵山ハイキングコース

⑤ 30分

⑤ 要害山

山名表示が目立たず通過しがち

⑥ 天狗岩

急坂の岩場を登っていくと大岳山、御岳山、青梅丘陵などの山々や梅郷を一望できる

1:17,000   200m

JR青梅線　青梅第一小 🏫　青梅鉄道公園

G 青梅駅　東青梅駅

🏫 多摩高

立ち寄りスポット 🔔
「青梅」
（P126-127）

昭和レトロ商品博物館

411

釜ノ淵公園

● 郷土博物館

8 馬引沢峠
かつて鎌倉古道が通っていた道だが、廃道となっている。コナラ、ヤマザクラ、大きなモミの木など樹種も豊かになってくるエリア

バス停 郷土博物館入口

長淵

調布橋

30分↑

12 疲れた足には要注意の急坂の階段

駒木町

12

天祖神社 ⛩

11

東京都
青梅市

270・

9 旧二ツ塚峠
母娘の悲しい伝説を伝えるふたつの塚がある二ツ塚峠。吉野街道方面へ進む

30分

墓地公園 🚻

11 ヒノキ林を抜けあずまやを過ぎると「長淵山ハイキングコース入口」でもある天祖神社に出る

10 分岐

分岐

長淵山ハイキングコース

10 天祖神社方面へ進む

25分→

20分→

・358
9 旧二ツ塚峠

二ツ塚峠

● **アクセス（行き）**
JR宮ノ平駅
↓徒歩
長淵山ハイキングコース入口

JR宮ノ平駅下車。駅を背に右に出て青梅街道を道なりに進む。多摩川に架かる和田橋を越えて和田町2丁目信号を右折。梅ヶ谷峠入口交差点を左折してハイキングコース入口へ。

● **アクセス（帰り）**
天祖神社
↓徒歩
JR青梅駅

天祖神社から秋川街道を左方向へ道なりに進み青梅駅へ。青梅街道を越えた先の坂は歩道が狭いので、青梅街道を左折し、ひとつ目の信号を右折し裏道を抜けていくのがいい。

15 霞丘陵
<ruby>霞<rt>かすみ</rt></ruby>丘陵

春先には約2万本のツツジが咲く霞丘陵自然公園
脇を抜け、穏やかな尾根道の途中には桜並木。
花と緑を満喫し、都内唯一の温泉郷へ。

塩船平和観音立像からの眺望。4月から5月上旬まで斜面一帯に咲き誇るツツジが楽しめる

↓つつじ園頂上にある観音立像（右）からは奥多摩の稜線、富士山を見渡すことができる

園内のツツジの合間を登り、平和観音立像をめざす

ヤマタイムで
ルートチェック！

| 歩行タイム …… 約2時間50分 | 難 易 度 ……… 初級 ★☆☆ |
| 歩行距離 ……………… 約6km | 累積標高差 ……… 約140m |

● コースポイント

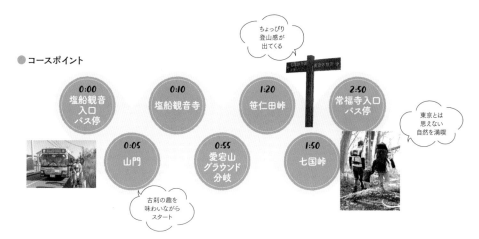

ちょっぴり
登山感が
出てくる

| 0:00 塩船観音入口バス停 | 0:10 塩船観音寺 | 1:20 笹仁田峠 | 2:50 常福寺入口バス停 |

東京とは
思えない
自然を満喫

| 0:05 山門 | 0:55 愛宕山グラウンド分岐 | 1:50 七国峠 |

古刹の趣を
味わいながら
スタート

青梅市の北部、埼玉県飯能市との県境に広がる霞丘陵。1300年もの歴史がある塩船観音寺から、岩蔵温泉郷までをつなぐハイキングコースだ。JR河辺駅北口からバスで塩船観音入口下車。歩いて10分ほどの山門を抜けて塩船観音寺へ。「花と歴史の寺」といわれるだけに、境内には国の重要文化財である本堂や阿弥陀堂、仁王門、そして名所であるつつじ園が楽しめる。

自然園の中、道幅も広い遊歩道をスタート

塩船平和観音立像の裏手から始まる尾根道を七国峠・岩蔵温泉方面へ。コースは整備されて歩きやすく、迷うポイントもないので、小さな子どもを連れてのハイキングにも最適。笹仁田峠への分岐となる立正佼成会の敷地内からは1kmほどの桜並木遊歩道となり、サクラだけでなくキショウブやノアザミ、アジサイに満たされる。

岩蔵街道の横断歩道を渡り、右に行くと七国峠方面への登山口があり、ふたたびハイキングコース。スギやヒノキが優生するヒノキ林を登っていくと緩やかな尾根道になり、七国広場に到着。平坦で開けた道が続き気持ちよく歩けるが、飯能方面の分岐の標識が少々まぎらわしいので注意。その左、岩蔵温泉方面に行くと鬱蒼とした樹木から、ふと富士山展望スポットが出てくる。ほどなくいくと道幅が次第に狭まり、傾斜が出てくるので足元に注意しながら下山分岐点を左折し、横木を渡した階段を下りきる。東京青梅病院前の車道に出て、そこから都道28号の常福寺入口バス停へと向かおう。

七国峠に向かうあたりから杉林が出現

舗装路に入ると木彫りの肖像がお出迎え

広葉樹が混じる尾根道
を巡る。東京の市街地
と近接していることを
忘れるような雰囲気

展望を楽しむスポット
はないが、ヒノキの植
林内に差し込む日差し
が心地よい

標高約220mの七国山
頂上のすぐ先、西側に
開ける富士山展望ポイ
ント。御岳山から大岳
山への稜線も見える

富士山スポットから間
もなく下り始める。沢
もあり、それまでとま
ったく違う雰囲気に

卍
常福寺
常福寺入口バス停 G

岩蔵温泉バス停

儘多屋・

⑪
30分

小曽木街道

黒沢川

⑤ 道幅の広い桜並木の遊歩道。サクラのシーズンの散策にはいいスポット

③ ハイキングコース入口は観音像の裏手にある

④ 愛宕山グラウンドを左に折れて、車止めのゲートを入っていく

東京都
青梅市

霞丘陵ハイキングコース　25分　⑤

② 山門

25分

③ → ○ ルート
展望広場

④ ○ グラウンド分岐

塩船観音寺 卍
5分
5分

① 河辺駅からバスで約10分。「塩船観音入口」下車。観音通りを入っていく

② ○

10分

S 塩船観音入口バス停（西東京バス）
①

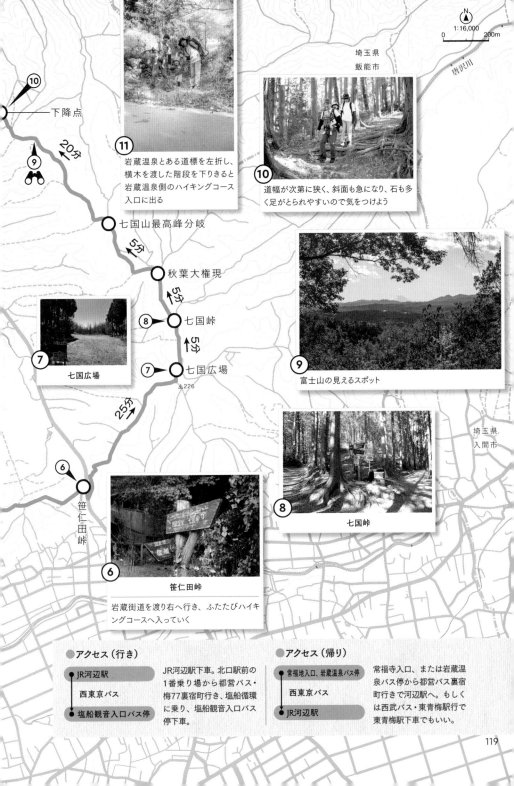

N

1:16,000
0 — 200m

埼玉県
飯能市

唐沢川

11 岩蔵温泉とある道標を左折し、横木を渡した階段を下りきると岩蔵温泉側のハイキングコース入口に出る

10 道幅が次第に狭く、斜面も急になり、石も多く足がとられやすいので気をつけよう

⑩
下降点

20分

⑨
富士山の見えるスポット

七国山最高峰分岐

5分

秋葉大権現

5分

⑧ 七国峠

5分

⑦ 七国広場
△226

七国広場

25分

⑥ 笹仁田峠

埼玉県
入間市

⑧ 七国峠

⑥ 笹仁田峠
岩蔵街道を渡り右へ行き、ふたたびハイキングコースへ入っていく

●アクセス（行き）
JR河辺駅 → 西東京バス → 塩船観音入口バス停
JR河辺駅下車。北口駅前の1番乗り場から都営バス・梅77裏宿町行き、塩船循環に乗り、塩船観音入口バス停下車。

●アクセス（帰り）
常福地入口、岩蔵温泉バス停 → 西東京バス → JR河辺駅
常福寺入口、または岩蔵温泉バス停から都営バス裏宿町行きで河辺駅へ。もしくは西武バス・東青梅駅行で東青梅駅下車でもいい。

"世界"の高尾はスポットも充実

高尾

滝山城に八王子城など、戦国時代屈指の山城があり、歴史、文化が色濃く残る高尾エリア。アクティビティにも困らない最高の遊び場で、日がな一日楽しみつくそう。

高尾の豊かな自然を学べるミュージアム

> 高尾の歴史や自然のこと、聞いてください

TAKAO 599 MUSEUM

旧東京都高尾自然科学博物館のアーカイブを活用するなど、高尾山に生息する動植物の標本展示が圧巻。在館する学芸員に山中で見つけた植物のことを聞くのもよし。カフェやショップも併設し、高尾のことを深く知ることができる。

八王子市高尾町2435-3
☎042-665-6688

芝生や池がある前庭で思い思いに過ごすことができる

100種類以上の植物や昆虫の展示ケースが並ぶ

アクリル樹脂標本はアート作品のよう

↑躍動感ある剥製も見どころ

↑プロジェクションマッピングも上映

古道具を再利用した什器が素敵

店奥にテラスもある

不要になった洋服の回収ボックスを設置

> 山登りの情報共有の拠点にぜひ!

山登りに最適な洋服を見つけて循環を体験

> 店舗限定の高尾山Tシャツ

BRING CIRCULAR TAKAO

独自のPETケミカルリサイクル技術による服作りを行うブランド「BRING」の直営店。吸水速乾性、UVカット効果を持つウェアはアウトドアと抜群の相性。電気も再生エネルギーを使用するなど、循環にこだわったショップ。

八王子市高尾町2219
☎03-6824-7653

スペシャリティコーヒーは環境に配慮した土壌、農法で生産した豆のみを利用。下山後におすすめなのが涼やかでコク深い「エスプレッソトニック」。冷たいドリンクは再生PET容器で提供

ホットドッグとベルジャンフリッツ（フライドポテト）のセットは定番

山でおいしく飲めるようブレンドした中深煎り
「Mountain House Blend」

ドリンクボトルの
レンタル
やってます！

にぎわうテラス席で
ホットドッグ＆クラフトビール！

TMH.
（TAKAO MOUNTAIN HOUSE）

山梨県小菅村「Far Yeast Brewing」、東京都立川市「sakamichi brewing」など9タップのクラフトビールに、自家製野菜など素材からこだわるフードメニューが楽しめる。東京産のヒノキのウッドデッキテラスが気持ちいい。

八王子市高尾町2217

一杯ずつ丁寧にハンドドリップしてくれる

掘り出し物が見つかる!?
サロモンの穴場的ストア

SALOMON TOKYO
TAKAO CONCEPT

TMH.施設内にあるサロモンのコンセプトショップ。シューズからウェアまで新製品はもちろん、アウトレット品もあり、"欲しかったけど買い逃した"アイテムをお得に入手できる。サロモンアスリートによるトレランイベントなども開催。

八王子市高尾町2217

☎ 070-8818-5430

シーズンに合った新作から定番商品まで並ぶ

トレランや
ハイクに使える
ザックも豊富

高尾山の守り神
天狗をあしらった
Tシャツ

登山前後に立ち寄るのに絶好の立地

左）燗酒がおすすめの純米酒「神亀」
右）アジの開きと小鉢3種が付いた朝ごはん定食1040円 ※

一日10食ほどのカマ焼き定食。3種の小鉢が付いて1650円 ※

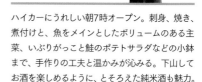

山の麓で海の幸を
たらふく食べる

ミハラキッチン

ハイカーにうれしい朝7時オープン。刺身、焼き、煮付けと、魚をメインとしたボリュームのある主菜、いぶりがっこと鮭のポテトサラダなどの小鉢まで、手作りの工夫と温かみが沁みる。下山してお酒を楽しめるように、とそろえた純米酒も魅力。

八王子市高尾町1200-1 2階
☎080-4000-6662

※追加料金で、刺身小鉢の追加や味噌汁を豚汁に変更可能

→おでんにホタテ刺、水ギョーザも

あご出汁の旨みが
沁みる"肉吸い"

おうどんカフェ
鈴屋

うどんのみならずモーニングにパフェ、酒肴までバイタリティに富んだメニューを提供する。"カラダによいものを"と化学調味料を極力使わないのは、長く通い続けてほしいとの思いから。家族ぐるみの接客と一生飽きない味にとりこだ。

八王子市高尾町1513-1
プレーンフィールド高尾1階
☎042-673-7751

たっぷりの牛肉がのった肉吸いうどん980円

自家製漬け酒にもそそられる

雑貨販売コーナーなど"なんでもあり"感が魅力

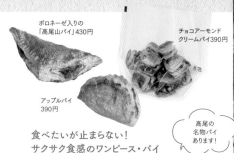

ボロネーゼ入りの
「高尾山パイ」430円

チョコアーモンド
クリームパイ390円

アップルパイ
390円

高尾の
名物パイ
あります!

食べたいが止まらない!
サクサク食感のワンピース・パイ

パイ専門店
ことら

食感を追求し、ホールではなくピース大で焼くのがこだわり

"パイ生地だけ食べたい"というファンもいるほど、サクサクとした歯ざわりの自家製生地はハマること必至。フィリングにしても旬の食材を生かしたい、と毎月新しいメニューが登場。行くたびに楽しみがつきない!

八王子市初沢町1298-2

☎080-1217-6955

"パイを登山の行動食にもしたい"という店主・中尾龍亮さん

大きなあべどりがのった「山」1200円と、鮭がメインの「川」1300円

毎日、店頭で焼いている

こだわり抜いた
炭火焼きののり弁

のり弁亭

選りすぐった有明産の海苔と新潟産コシヒカリを使い、メインの具材は炭火焼きをした後にひと晩出汁に漬け込んだ鮭など、手間を惜しまないのり弁。海苔の佃煮と板海苔の二層重ねした米にも炭の香りがまとい、深みのある味わい。

八王子市東浅川町1067

☎042-690-9992

山でのり弁
食べるの
よくない?

"古きよき日本のもの"を伝えたいとオープン。テイクアウト専門

123

Course 13

ちょっと足を延ばすと、お宝スポットがある

中神・拝島・東秋留・河辺

霞丘陵、滝山丘陵から少し足を延ばすと、複合商業施設や天然温泉が多い多摩中央部エリア。今後贔屓にしたくなる穴場スポットも発見できる。

右手に本
左手に名物
"勝つサンド"

本とサンドイッチと…
マルチタスク・スポット

BOOK CAFE
マルベリーフィールド

新刊書店とカフェ、地下にはギャラリースペースもある地元民憩いの場。多摩でモノ作りをする人の物販コーナーもあり、このエリアのカルチャーを感じさせる。店内で焼き上げる食パン、サンドイッチのバリエーションが魅力。

昭島市中神町1176-36　☎042-544-3746

元は1975年創業の書店。2013年にブックカフェとしてオープン

スタッフが本をセレクトするコーナー

サンドイッチスタンドも併設

マルベリー（桑の実）のジャムも販売

1・2 清酒「多満自慢」が醸造されている本蔵。本蔵内の太い柱と梁が歴史を物語る　3 1775年以前に建てられたという長屋門　4 1898年に建てられた土蔵の2Fは史料館　5 敷地で醸造している酒がそろう直営店「酒世羅」

石川酒造の顔
「多満自慢」

酒呑みならずとも
心洗われる酒蔵

石川酒造

創業は文久3年(1863年)。門をくぐると正面に国登録有形文化財の本蔵に樹齢400年を超える通称「夫婦欅」が出迎え、神聖な空気を感じる。敷地内にある海鮮和食やイタリアンのレストランに用意されるお酒も蔵元ならではの充実ぶり。

福生市熊川1番地
☎042-553-0100

酒好きの人への
プレゼントに

"神おやつ"
と噂される
ブラウニー

たまに生菓子も
登場。おやつは
心の栄養です

自然でやさしい甘みの
アメリカ家庭菓子

bake shop TODAY

レストランでのドルチェ担当経験がある丸橋渚さんによる、素材の自然な甘みを損なわない丁寧な下ごしらえがわかる焼き菓子。ボクシンググローブのような大きさのマフィンに季節のケーキなど、食いしん坊は通わずにいられない。

あきる野市二宮1099-3

名物の恐竜クッキーなど日ごとに違う焼き菓子が並ぶ

今日が幸せでありますように、との願いを込めた店名

卵の旨みに癒やされる
シフォンケーキ

ちゃんちき堂

神出鬼没!
リアカーで
行商しています

塩船観音から足を延ばし、宝探しのようにしてたどり着くシフォンケーキ専門店。店主・くぼたてつさんが信頼する地元の生産者から仕入れた素材だけを使っている。フカフカの生地から卵の深い甘みが広がり、甘さの後味が上品。

青梅市塩船63-8

プレーン、アールグレイの定番品はじめ全6種類が並ぶ

自宅脇がお店。不在時
にはカウベルを鳴らす

本当は行商に出るのが
好きだという店主

見つけやすくも行きやすくもない場所にある。スマホなどで
調べずに探し当てるのが面白い

昭和レトロをアップデート
青梅

長淵丘陵コースの締めは"昭和レトロの街"で楽しもう。国の登録有形文化財である建物も多く、歴史を大切にしながら、新しいDIY感覚にあふれるカフェやショップが多い。

野菜とフライドポテト付き「フライドオニオン・スマッシュバーガー」1500円

奥多摩の沢は制覇しています！山好き歓迎

国産牛の肉々しさが
堪能できるハンバーガー

Ome smash burger
杉屋

"肉の味を最大限味わってほしい"とケチャップもソースも使わない、国産牛100%のスマッシュバーガー。カリッと焼き上げたパティは香ばしく、後から赤身の脂の豊かな旨みが広がってくる。手を入れすぎない調理の妙味がわかる逸品。

青梅市本町117-12　☎090-8199-2703

登山客が気兼ねなく楽しめるようテラス席も用意

天井が高い店内

ゴロゴロとした肉を鉄板に押し付けて焼く

カラダに負担をかけず
自然な疲労回復

カラコロ堂治療院

杉屋さんとともに「みんなのひみつ基地」なるスポットにある完全予約制の鍼灸治療院。国際中医薬膳師でもある鍼灸師・青山まみさんが、カラダに負担がかからないよう針の数を少なく、極細の鍼で治療。カラダが自然にほぐれていく。

青梅市本町117-12
☎080-5549-1153

完全貸切制でパーソナルな施術が受けられる

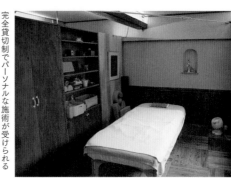

杉屋裏手の中庭にある

ハイキングの後にカラダを癒やすのも◎

外観が元の化粧品店そのままで魅力的

週末などレコードバー化することも

ハイキング後のお楽しみ。ビールが進む!

多摩のクラフトビールが一堂にそろう

青梅麦酒

青梅のクラフトビールをはじめ最大8種類をドラフトで提供するビールバー。上品なアロマを感じるもの、ハーブの爽快感が楽しめるものなど個性豊かなビールをそろえている。50種類程の缶、ボトルの販売もしている。フードも丁寧な作り。

青梅市本町145
☎050-3503-7727

←ビールは西多摩を中心に関東近郊のブルワリーをラインナップ。

フードは希少なおうめ豚など青梅食材にこだわっている

7.1chスピーカーを備えた劇場

映画とネコの町青梅に半世紀ぶりに復活

東京都で唯一
木造建築の映画館

CINEMA NEKO

旧都立繊維試験場をリノベーションした都内唯一の木造映画館。新潟県十日町市の映画館が閉館する際に譲られたという座席の包み込まれる座り心地と、木造建築ならではの臨場感あふれる音響により、映画の世界に深く没入できる。

青梅市西分町3丁目123 青梅織物工業協同組合敷地内
☎0428-28-0051

築89年の国登録有形文化財の建物。外観は当時のまま

←フレンチトースト700円

←当時の梁が館に深みを与えている

地元グルメを満喫

多摩ハイク

京王線・小田急線・JRで気軽に行ける
多摩丘陵・町田・高尾・青梅の
山と街歩き

2024年4月20日　初版第1刷発行
2024年6月5日　初版第2刷発行

山と溪谷社編

発行人　　　川崎深雪
発行所　　　株式会社 山と溪谷社
　　　　　　〒101-0051
　　　　　　東京都千代田区神田神保町
　　　　　　1丁目105番地
　　　　　　https://www.yamakei.co.jp/

印刷・製本　株式会社 光邦

● 乱丁・落丁、及び内容に関するお問合せ先
山と溪谷社自動応答サービス　TEL 03-6744-1900
受付時間／11:00-16:00（土日、祝日を除く）
メールもご利用ください。
【乱丁・落丁】service@yamakei.co.jp
【内容】info@yamakei.co.jp

● 書店・取次様からのご注文先
山と溪谷社受注センター
TEL 048-458-3455　FAX 048-421-0513

● 書店・取次様からのご注文以外のお問合せ先
eigyo@yamakei.co.jp

● 定価はカバーに表示してあります。
● 乱丁・落丁本は送料小社負担にてお取り換えいたします。
● 本書の一部あるいは全部を無断で転載・複写することは著作権者および
　発行所の権利の侵害になります。あらかじめ小社までご連絡ください。

● 執筆＆編集
鈴木志野
岡村朱万里
黒澤卓也
本田賢一朗

● 写真
逢坂 聡
小関信平
岡村武夫
齊藤僚子

● デザイン
尾崎行欧
本多亜実
（尾崎行欧デザイン事務所）

● 地図製作
アトリエ・プラン

● DTP
ベイス

● 校正
戸羽一郎

● ウェア協力
（カバー写真、コース01）
ビーニーリブ、
フルジップジャケット／
Woolpower、
トゥオヒ ウィメンズトラウザー／
SASTA、ロールトップスカウトパック／
DULUTH PACK
（すべてアンプラージュ
インターナショナル(UPI)）

● モデル協力
sono（ジャングル）
秦 智子
秦 一磨
岡村聡大
岡村英恵
片山恵美子
柳原さんご一家

● 編集
久田一樹（山と溪谷社）

● 写真提供
町田市（P71、77、85、87、91）八王子市郷土資料館、多摩境
天然温泉 森乃彩、天然温泉ロテンガーデン（P65）ON THE
HILL COFFEE（P84）NEST Machida（P86）、小川ファーム、
まちだ育成会 こころみ（P87）旧白洲邸武相荘、際コーポレー
ション（P89）マウンテン、大蔵湯（P90）好日山荘、ヴィクトリア、
東急、モンベル、町田市観光コンベンション協会（P91）